从发展心理学看校园欺凌

欺负别的孩子时，他们在想什么

〔英〕格雷厄姆·拉姆斯登 著
一言 译

The Bully in the Greenhouse

北京日报出版社

图书在版编目（CIP）数据

欺负别的孩子时，他们在想什么 /（英）格雷厄姆·拉姆斯登著；一言译. -- 北京：北京日报出版社，2022.6

ISBN 978-7-5477-4284-6

Ⅰ. ①欺… Ⅱ. ①格… ②一… Ⅲ. ①儿童－暴力行为－研究 Ⅳ. ①C913.5

中国版本图书馆CIP数据核字(2022)第066708号

北京版权保护中心外国图书合同登记号：01-2022-1812

欺负别的孩子时，他们在想什么

出版发行：北京日报出版社
地　　址：北京市东城区东单三条8-16号东方广场东配楼四层
邮　　编：100005
电　　话：发行部：（010）65255876
总编室：（010）65252135
印　　刷：北京世纪恒宇印刷有限公司
经　　销：各地新华书店
版　　次：2022年6月第1版
2022年6月第1次印刷
开　　本：710毫米×950毫米　1/16
印　　张：20.25
字　　数：220千字
定　　价：58.00元

孩子从生活中学习

——

多萝西·劳·诺尔蒂

(Dorothy Law Nolte)

生活在批评中，孩子学会指责，
生活在敌意中，孩子学会争斗，
生活在恐惧中，孩子学会忧虑。

生活在同情中，孩子学会自怜，
生活在嘲讽中，孩子学会固执，
生活在妒忌中，孩子学会羡慕，
生活在羞耻中，孩子学会愧疚。

生活在鼓励中，孩子学会自信，
生活在宽容中，孩子学会耐心，
生活在赞扬中，孩子学会感恩。

生活在接纳中，孩子学会去爱，
生活在欣赏中，孩子学会爱自己，
生活在认可中，孩子学会找寻目标。

生活在分享中，孩子学会慷慨，
生活在诚信中，孩子学会真诚，
正活在公平中，孩子学会正义。

生活在善意和关怀中，孩子学会尊重，
生活在安全中，孩子学会相信自己和他人，
生活在友爱中，孩子会懂得这个世界很美好。

目录

愿天下无“欺”

欺凌已成为一个全球性问题。有研究表明，全世界大约有超过三分之一的儿童和青少年都遭受过某种或多种形式的欺凌。随着移动通信和互联网技术的日益发展以及儿童和青少年群体对其的普遍应用，也产生了网络欺凌。相比身体欺凌、言语欺凌等其他欺凌形式，网络欺凌具有更加隐蔽、不可预测等特点。

欺凌对儿童和青少年的身心健康具有深远的负面作用。欺凌会使被欺凌者以及旁观者产生各种身体不适，包括腹痛、头痛、厌食以及睡眠障碍等，同时可能会引发焦虑、紧张、孤独、自尊感下降等心理上的问题，严重情形可能会使被欺凌者产生自杀想法或企图自杀。

欺凌还会影响个体未来的学习和生活。有研究表明，曾遭受欺凌的儿童在成年之后患上精神疾病、焦虑障碍以及做出高风险行为，如酗酒、吸毒、抽烟和不安全性行为的概率更高。欺凌不仅会对个体产生非常不良的后果，也会对社会的稳定和经济的发展产生不利的影响。

在很多时候，仅仅关注事件本身，而不是事件产生的原因，往往并不会让事件的处理达到预期的效果。针对欺凌也是如此。过度关注欺凌行为本身，而不深入分析产生欺凌的根本原因，也会使得针对欺凌行为的预防和干预不能起到预期的效果。

一提到欺凌，很多时候人们的第一反应就是支持受害者，要给予被欺凌的人各种援助，同时把欺凌者完全推到人们的对立面，认为他们是“千夫所指”，必须对他们进行严惩。在有关的欺凌治理文件中，人们通常可以看到一个词，即对实施欺凌的学生进行“严肃处理”。但格雷厄姆·拉姆斯登博士在《欺负别的孩子时，他们在想什么》中提出了一个特别的概念“温室里的欺凌”（The Bully in the Greenhouse），提出要透过“温室”这个四面都有玻璃窗户的房间去看欺凌这个事件，一方面要从受害者和周围成年人的视角去看，同时也要从“小恶霸”的角度来看。

事实上，很多研究和生活经验都告诉我们，欺凌者很多时候其实也曾是“受害者”，他们可能在现实生活中目睹过欺凌，或者曾遭遇某种重大的生活变故，或者他们自己就是被他人欺凌的对象。欺凌者经常存在各种心理健康问题，例如他们的情绪管理和自我控制较弱，一些人还缺乏同理心，他们与人交往、沟通的技能较差，等等。了解这些能帮助我们更好地理解欺凌者为什么会选择欺凌，关注欺凌者的心理健康问题并对他们提供相应的心理援助，也能帮助我们更好地预防和干预欺凌事件。

在分析了欺凌者之所以成为欺凌者之后，格雷厄姆·拉姆斯登博士指出，家庭和学校作为儿童和青少年最重要的两个成长的场所，一方面可以是孩子们健康成长最有力的破坏者，同时也可能是孩子们成长最有利的支持者。从家庭层面来说，良好的家庭关系，包括婚姻关系和亲子关系，是一个孩子身心健康成长的首要前提，也是孩子避免成为一个欺凌者最重要的保护因素。在整个学校层面，作者提出了一个系统的解决方法，包括制定政策文件、落实政策文件、理解欺凌发生的典型场景、建设面向教职员工和家长的支持系统、建设面向学生的支持系统、创建数据收集和评估系统 6 个方面。这 6 个方面既自成体系，又紧密关联，一个方面的改变和实现会积极地影响到另外 5 个方面。

世界上许多国家已投入了大量的人力物力治理欺凌，通过落实一系列的行动来解决欺凌，但大多数结果并没有尽如人意。在我们国家，2016 年颁布的《国务院教育督导委员会办公室关于开展校园欺凌专项治理的通知》是首个专门针对校园欺凌治理的政策文件，后来教育部又相继颁发了《加强中小学生欺凌综合治理方案》《未成年人学校保护规定》等。这些密集出台的政策文件体现了我国对于治理校园欺凌的决心，也从宏观层面为解决这一问题提供了指导。在实践层面，很多学校也创设了相关课程，如帮助学生识别自身和他人情绪，掌握与人正确沟通、良好合作的技能，并帮助他们识别暴力，挑战暴力和欺凌。同时，很多省市、地方及学校也开展了相关的教师培训，以帮助校领导和老师创设一个安全健康的校园环境，帮助老师实施相关的课程。但校园欺凌事件在我们国家也仍然层出不穷，并呈现出愈来愈多的趋势。或许其中可能的原因之一，就是当前并没有实施全面、系统的预防和应对措施。格雷厄姆·拉姆斯登博士提出的全面、系统地看待和分析欺凌以及系统的预防和干预措施值得我们借鉴。

愿天下无“欺”！祝愿每一位儿童和青少年都可以健康成长！

张锦涛

北京师范大学认知神经科学与学习国家重点实验室

教授、博士生导师

“温室”里的欺凌

我打算透过“温室”的每一扇窗户看世界，也就是说，我的目标是试着分别以一个“小恶霸”的目光看世界和以一个“受害者”的目光看世界，并且从他们周围的成年人的角度去看世界。

午间休息结束时，他走进教室，这时，从教室后面传来一声粗声粗气的吆喝，他的心随之一沉。“贾格尔，过来，你这小子！”贾格尔并不是他的真名，而是这个校园恶霸给他起的绰号，因为他的嘴唇很丰满，让这个小恶霸联想起一个喜欢嘟嘴的流行歌手。“我的鞋子脏了，贾格尔，给我擦干净，行吗？！”小恶霸的几个“死党”训练有素似的在一旁起哄。这个14岁的孩子被吓坏了，他顺从地跪在地上，擦去那双鞋子上的泥点。接下来又是一番屈辱：“干得不错嘛！

贾格尔，现在拎上我的书包，咱们去下一堂课，动作快点我就饶你一命，要不然打烂你那张噘嘴的脸！”

这是发生在我一位朋友身上的真事。在 20 世纪 70 年代末的中学，他不得不忍受这样的欺凌。我敢肯定，像这类校园欺凌事件发生时，围观的孩子和被欺负的孩子几乎一样难受，直到今天，我都心有余悸。

然而可悲的是，这么多年过去了，也许就在昨天，类似的场景还在校园的某个角落里重演。尽管人们对这类令人难过的事情开展过大量研究，在教学工作中投入了大量人力物力，但是，40 年、50 年，甚至一个世纪过去了，直到今天，校园欺凌事件似乎依然普遍存在。

无论其目的是什么，不可避免的是，欺凌行为对受害者乃至恶霸本身（我们在接下来的章节中将会看到）都会造成潜在的破坏性影响。这种影响在我们的孩子，甚至成年人身上似乎普遍存在，并且一如既往具有破坏性。我们每个人可能都遭遇过欺凌，也可能欺负过别人，或者兼而有之。因此，你可能觉得有必要问一问：可以做些什么来阻止这类破坏性行为对我们的孩子、朋友、同事以及我们自己所造成的伤害？

作为一名专业的教育心理学家，我认为研究是可信的，我们需要换一个新的角度来看问题。如果想要了解与欺凌有关的事情，弄清楚我们能做些什么，那么我们必须以更全面的视角来看待所谓的欺凌行为。

这本书着重探讨欺凌行为、为什么有些人会选择欺负别人，以及欺凌行为的目的是什么。本书还分析了欺凌事件的受害者，探究了有可能增加或减少被欺负概率的一些因素。

通过了解一些恶霸的想法，我们可以着手探索如何减少他们的侵略行为的影响，甚至使他们降低一些欺负别人的心理需要。简单地惩罚恶霸并不是解决问题的办法。我们一遍又一遍地尝试打压欺凌行为，可是年复一年，恶霸越罚越多，欺凌事件丝毫不见减少。射杀鳄鱼并不能解除沼泽里的隐患，我们需要做的是改造沼泽。

数不清有多少次，一些家长来找我诉说，每天晚上，当冗长的哄睡工作眼看即将结束——讲完12遍仙女和恶龙的故事，唱完7遍《公交车的轮子转啊转》，或者进行完什么其他环节——最后亲晚安吻的时候，孩子却突然冒出一句“被欺负了”。这可是十拿九稳的好策略，就算是非常小的孩子都学会了利用这个套路在睡觉前多磨蹭几分钟。也许他们确实被欺负了，但在睡觉之前，并不是你和孩子进行这类谈话的最佳时间。

如果你遇到这种情况，我建议你参考下文提供的脚本。

“好吧，（这里插入孩子的名字），我真的很高兴你愿意告诉我这件事，我会帮你的，但不是现在，现在该睡觉了。你在这里很安全，没有谁能伤害你。我也想让你现在就告诉我到底发生了什么事，但我只给你一分钟的时间说说大致情况。明早你再仔细地说说这件事，我看看怎样才能更好地帮助你。”

这本书的风格，我希望能在轻松、幽默、实用、有意义之间创建一种平衡。作为一名专业的教育心理学家，我的大部分作品都以著名的心理学理论为支柱。每当我给一个学生做了思想工作，提供了一些建议，过一阵子，孩子的老师或家长总会跑过来又惊又喜地告诉我，我的那些建议多么有用。对此，我早就见怪不怪了。

他们似乎觉得我这是信手拈来：

“哦，是的，斯普洛克特夫人。考虑到你孩子的情况，我建议每周给他做三顿意大利肉酱面，每天晚上睡觉前给他唱《公交车的轮子转啊转》，别忘了讲解油箱盖和凸轮轴的功能。你会发现他的阅读、写作和数学进步得很快。”

我不是要把这本书写成心理学专著，引经据典，写下密密麻麻的专家评论、数据和摘要。关于这个问题，我有一个小警告，在第三章，我们会谈到心理学研究领域是如何尝试定义欺凌的，所以会有较多的援引，但那一章是个例外。那些充斥着论文摘要和研究清单的书，对读者来说，不仅枯燥无味，还容易造成困扰。

我希望通过阅读这本书，你能较为全面地了解引发欺凌事件的各种因素，并学会有效地化解其中的一些问题，与此同时，了解一些儿童健康发展的重要因素。如果需要的话，有成百上千的专著以及更严肃的心理学论文可以为你提供更深邃的见解。尽管如此，本书所阐述的信息和结论都仍然有效，都有可靠的理论支撑。作为一名老实本分的研究者，我不可能吆喝“重磅！”“包治百病！”之类的话，这本书没有“如来神掌”般的威力，不会出现用一个简单的办法就能消灭所有欺凌的情况，假如世上真有这种事儿，我敢肯定，有人早就招标立项发大财了！

我觉得，如果想要解决这个普遍存在的社会痼疾，就需要像对待许多重大的社会变革一样，在整个社会层面上促成认知转变，进行一场思想革命。事实上，各种程度的欺凌更像是一种社会症状（如果你愿意，这是试金石），而不是孤立存在的现象。

从很多方面看，欺凌行为就像犯罪一样，活跃在隐蔽的角落，在学校、办公室里普遍存在。如果把欺凌现象比为一座罪恶之城，那么人类文明发展中衍生出的腐朽面就是它的基石；社会的缺陷、社群的不公正充当了钢筋混凝土；政治和社交需求是水电配置；妄图控制不可能控制的事情——譬如自由思想、人类的选择等——所带来的绝望，是这座罪恶之城的供电站。

好了，我们先暂停一下，吸气……1……2……3……

再呼气……1……2……3……

正如我们了解到的，层出不穷的欺凌事件拖累得整个社会疲惫不堪。要处理无处不在的欺凌，对人类社会来说是极其沉重的负担。“不积跬步，无以至千里”，我们需要从小处着手，逐步解决这一巨大的难题。有资料显示，在过去的 40 年里，英国政府拨付了超过 40 亿英镑用于解决这一棘手的难题。然而，就像我的朋友“贾格尔”经历的那样，几十年来的努力似乎没有什么效果。在这本书里，我打算从各种角度全方位审视欺凌。我认为，对于那些欺凌弱小的人，我们应该给予一些理解和同情，而不是把他们看作这个社会一手打造的怪胎、渣滓，一味地排斥、指责和惩罚他们。

我猜这会儿有些读者想要把这本书扔出去了，别忙着找窗户，请容我先解释一下。无论是情绪的还是其他方面，我都无意要为恶霸们的恶行做辩解，只不过我觉得，我们需要稍微调整一下视角来看待所谓的恶霸。就像在这本书里我反复说到的，大多数恶霸自己也在受欺负。很多人欺负别人是为了排解自己受欺负时所承受的痛苦，他们通过欺负别人来应对自身的困境。这当然不能为他们的所作所为开脱，但可以帮助我们理解这种行为。我希望全面剖析欺凌行为。事实上，兼听欺凌者和受害者的说法，我们可以学到很多东西，所以我想全方位来看待欺凌，看看能否有所突破，找到一些不同的方式来处理这一难题。

我打算透过“温室”的每一扇窗户看世界，也就是说，我的目标是试着分别以一个“小恶霸”的目光看世界和以一个“受害者”的目光看世界，并且从他们周围的成年人的角度去看世界。另外，我们还需要探讨社会层面对欺凌行为的影响，以及学校方面如何既可能助长欺凌，又如何能够通过一系列措施遏制欺凌。不过，我不得不替学校辩解一句，研究表明，一个社会中有 30 多种不同的因素会抬升文化中的攻击性水平，而学校只是其中的一部分。

总的来说，欺凌似乎无处不在。它可以脱离社会架构，并在野生环境中“自然”发生。在所有的社会阶层，以及没有人类这样复杂思维的动物社会中，都能看到某种程度上的欺凌现象。这似乎表明，欺凌是一种自然而然的过程，在群体生活中，它好像是预料之中的，甚至是“必要”的一部分。与地球上所有其他动物相比，人类行为的许多方面确实彰显了人类的优越性。就我个人而言，在这个情况下，我常常质疑“优越”这个词。然而不可否认的是，欺凌是人类发展的一部分，尽管人类拥有明显先进的认知能力。我们很容易认为，人类应该具有不欺负别人的能力，但人们似乎一直无法做到这一点。

行为心理学认为行为可以通过模仿、训练或强迫来习得，因此，如果想要找到欺凌的根源，那么研究所有这些因素是很有必要的。我们可以用园艺来进行比喻，假如植物是恶霸，那么它周围用玻璃搭建起来的空间就是社会，所以我们需要看看这座“温室”是如何被建造的。

欺凌者不分性别，无论男孩还是女孩，男人还是女人，都有可能欺负别人。欺凌与文化无关，与财富也无关。在很多方面，欺凌行为随处可见：女孩欺负男孩，男孩欺负女孩，女孩欺负女孩，男孩欺负男孩，都是一样的坏。为了不失偏颇，避免将某一性别的人描述成主要的恶霸，在这本书中，我经常用“他”泛指个人，除了一些讨论性别欺凌的章节，不得不指明“他”或“她”。

第一章

来自童年的挑战

几个世纪以来，
童年一直都是人生中需要面对的挑战阶段，
但需要面对的挑战已经从本质上发生了改变：
从追求身体健康过渡到追求心理健康；
从努力活着转变为努力生活。

我已经记不清自己读过多少关于欺凌问题的书了，保守估计应该接近 200 本，不过，说良心话，并不是从头到尾读完了所有的书。所有这些文献都清楚地传达出一个问题：要定义欺凌是极其困难的。

让我们以各种职业的培训制度为例。显然，志愿参军的军校学员将接受的训练，与教师、飞行员乃至银行新员工要接受的培训完全不同。公平地说，公众对军队训练的态度以及好莱坞对军队生活的描述有时显得过于苛刻。媒体偶尔也会煽风点火（至少在某些地方），有些报道称，暴力和欺凌在军队里是家常便饭，是军队训练的一部分。

但是，训练新兵真的是一种欺凌吗？军队中真需要一个像电影里那样大嗓门、留着八字胡的军士长，冲着新兵的脸咆哮式发号施令吗？假如，他的责任就是让没接受过训练的年轻人在听到“跳”这个词时立刻跳起来，而这样的反应在关键时刻能救命，那么这样做真的是欺凌吗？答案显然不是那么简单的。尽管我在这里并不提倡欺凌式的训练，但一个行为的背景会改变我们对其严厉程度的感受和反应。

我们可以把这个观点延伸到更普通的办公室情景中。假如一名员工没能严格按照期限完成任务，繁忙的经理很生气，可这名员工又一次拖延，经理气得冲他大吼大叫，那么这位经理的行为算不算是欺凌呢？他的管理风格可能不够高明，但当员工经常不能达到明确给定的预期时，他的反应真的能被称为欺凌吗？这是仁者见仁智者见智的问题。不过，这再一次说明，背景非常重要。假如换作是你，在办公室里经常看到这个员工特别懒散，总是离开工位，一会儿泡咖啡，一会儿找人聊天，你会怎么想呢？假如这个让人头疼的员工常常让别人帮他，却连声谢谢都不说，还总是迟到早退，那么你对经理的态度会不会有所转变呢？大概会吧。

同样地，如果一个职员平时非常勤奋，但最近刚刚经历丧亲之痛，或者最近一直试着与老板沟通，告诉老板他一时间无法应付这个任务，那么这个大喊大叫的经理就很可能是错误的一方。这就是本章的主旨：我想探究，在群体中，不同程度的期望值是如何构筑欺凌行为的背景的；随着时间推移，社会看上去是如何发生变化的；以及与之相应的，社会对个人的期待和要求又发生了怎样的改变。社会面貌不断改变，人们行为的背景也随之持续变化，正是这风云变幻的社会环境决定了哪些行为值得尊敬，哪些行为招人白眼，甚至会受到排挤。

在这本书中，我无意提倡任何形式的欺凌，也不接受任何以调控情绪为借口的欺凌，而且我也不是在为恶霸开脱。我想说的是，对一些人来说，欺凌行为可能是他们生活的环境造成的，这需要我们去探索。同样值得关注的是，这其中存在明显的个体差异，也就是说，人与人是不同的，同样的环境、类似的经历，有些人选择欺负别人，而有些人则不会。这种差距是怎样形成的呢？我们将在接下来的内容中进行讨论。

社会面貌的改变？

《剑桥英语词典》(Cambridge English Dictionary) 对“社会”的定义如下：

> 一大群人有组织地生活在一起，决定如何做事，分担需要完成的工作。
>
> 一个国家或几个类似国家中的所有人都可以称为一个社会。
>
> 和其他人在一起的状态。

我们都有自己的圈子，归属感是人类最基本的需求之一。当我们还是婴儿的时候，如果不依附于一个或一群照顾我们的人，我们就无法生存。童年时期，我们会逐渐理解自己在家庭圈子中的位置，以及在这个圈子内外的角色分别是什么。到了青少年阶段，我们会将这种思维进一步扩展，思考我们是谁，我们想成为谁。在这趟寻找自我的旅行中，我们可能会离开熟悉的环境，进入新的社会群体中。青少年经常利用这段时间去探索到底什么对他们来说是重要的。他们需要知道生活中的哪些方面应该继续保留，哪些方面已经不适合他们的成长，因此可以像蛇蜕皮那样丢掉。在青春期的探索之旅中，青少年们登上星际飞船去寻找机会，他们在试探新环境时要么表现得满不在乎，要么摆出对抗的姿态。

在正式讨论这个问题之前，让我们从更宽泛的角度去思考。我们将从社会层面着手，层层深入，直到个人。请看看下面的图像标志。

注：资料经国际奥委会批准

对你来说，它代表什么？当然，它是奥运会的标志。就连这个五色环的黑白版本也深深地印在了大多数人的脑海里，一眼就能认出来。它清楚地显示出 5 个相套的圆环。这个设计具有高度的象征意义，在这里，我们有必要更仔细地观察一下这个设计，因为它向我们传达了社会的一般意义。整个图像代表了这个世界——我们所生活的最广阔的社会。5 个圆环代表着五大洲：欧洲、亚洲、非洲、美洲和大洋洲。包括白色背景在内，奥运五环标志上有 6 种不同的颜色。正如设计师皮埃尔·德·顾拜旦（Le baron Pierre De Coubertin）自己所说的那样：

……这种组合方式，毫无例外地再现了每个国家的颜色。瑞典国旗的蓝色和黄色，希腊国旗的蓝色和白色，以及许多国家的国旗颜色，像法国的三色旗，英国、美国、德国、比利时、意大利和匈牙利的国旗，还有西班牙黄红相间的国旗，巴西和澳大利亚的独具特色的国旗，日本和中国的国旗的颜色都包含在内。它是一个名副其实的国际徽标。

其象征意义不止于此，紧紧套在一起的5个圆环象征着全世界思想以及理念的联盟。20世纪初期著名的心理学家荣格认为，奥运五环象征着永恒的人类精神。

这个标志的意义甚至延伸至奥运精神。奥运会徽、强调参与重要性的箴言以及各种仪式活动，都有助于鼓励运动员融入奥运大家庭。

我们在这里讨论奥运会是非常有意义的，因为奥运会传达了一种理念，即“社会”不仅仅指一群人聚在一起，个人要成为一个团体的一部分，不只是占据那个位置就可以的。2012年伦敦奥运会举办时，我和我的小儿子去曼彻斯特观看了日本队对埃及队的足球比赛。尽管门票很贵，但这一大笔钱并没能让我们参加闭幕式庆祝活动。现场锣鼓喧天、人山人海、彩旗飘扬，还能与尤塞恩·博尔特和杰西卡·恩尼斯肩并肩，但这些我们都没能体验。显然，我们只是花钱买了90分钟的荣幸。哦，好吧！一般来说，待在那儿并不意味着我们成了其中的一分子。

因此，想要融入一个社会群体，仅凭一张印着“准许入内”的票是远远不够的。描述社会与个人之间的关系也远比说“社会就是一群人”或者“一群人组成社会”要复杂得多。显然，我们需要借助一个模型来理解社会这个“多面怪”。

这里有必要探讨一种特定的理论，来帮我们更详细地理解社会。这个理论能让我们更清楚地看到欺凌事件发生的背景，甚至可以告诉我们一些人选择欺负他人的原因，或者准确地说，为什么一些人愿意做有益于社会的事，而另一些人会做出反社会的行为。如果想了解身边的“欺凌者”，就需要看看他们所生活的世界。我们需要探索他们是在什么样的环境中成长起来的，这种环境为什么会助长欺凌之类的行为。再说一遍，背景非常重要，这个话题将贯穿全书。

生态系统

生态学研究的是生物体之间的关系，以及它们如何影响周围的自然环境、如何受自然环境的影响。有很多理论可以帮助我们理解社会是如何建构的。其中的许多理论，就像社会本身一样，让人眼花缭乱。当你看社会群体中“节点”之间的相互关系剖析图时，你会感觉自己像坐在缝纫俱乐部里一样，那简直是灾难。

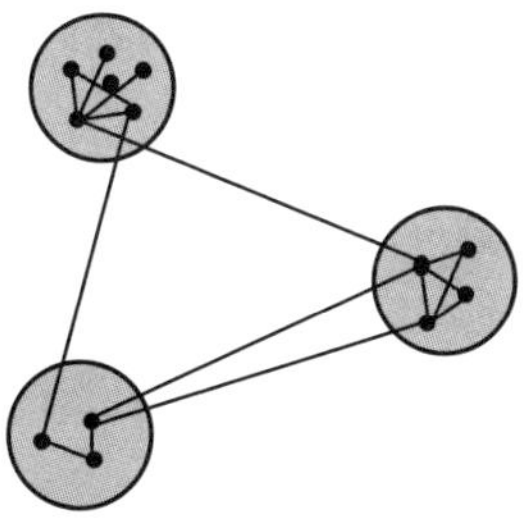

社会群体之中节点联系图解

人们往往一看就懵，看不出这张图与自己的生活有什么关联。绘制社会示意图并不容易，许多研究者付出了巨大努力，可结果看起来像是核反应堆的电路图。

我要介绍的是一个把孩子放在中心位置的理论，这个理论图表更容易理解，也更具有现实相关性。接下来，我们用几页文字来探讨尤里·布朗芬布伦纳（Urie Bronfenbrenner，也就是尤·布朗，现在的大学生都这么称呼他）的生态系统理论。相信我，虽然我写起来很麻烦，但你们理解起来会很容易。在开始正襟危坐探讨这一理论之前，你可以泡杯茶休息一下。

尤里·布朗芬布伦纳于 1917 年出生在莫斯科，6 岁时移居美国，在宾夕法尼亚和纽约长大。20 世纪 60 年代，他在推动美国政府的“启智计划”中发挥了重要作用。就像我们稍后会详细介绍的心理学家阿尔伯特·班杜拉（Albert Bandura）一样，尤里·布朗芬布伦纳对孩子的成长过程以及影响孩子发展的主要因素特别感兴趣。他的理论试图解释的就是这个核心问题。布朗芬布伦纳发现，随着时间的推移和地点的变换，社会对孩子的影响会波及他们生活的各个方面。每个圆环都在不同程度上影响着人们的生活，决定着人们所能做出的选择。他的理论着眼于 5 个主要的“系统”，其中包括时间，他称之为“时间系统”，贯穿于所有的影响圆环。

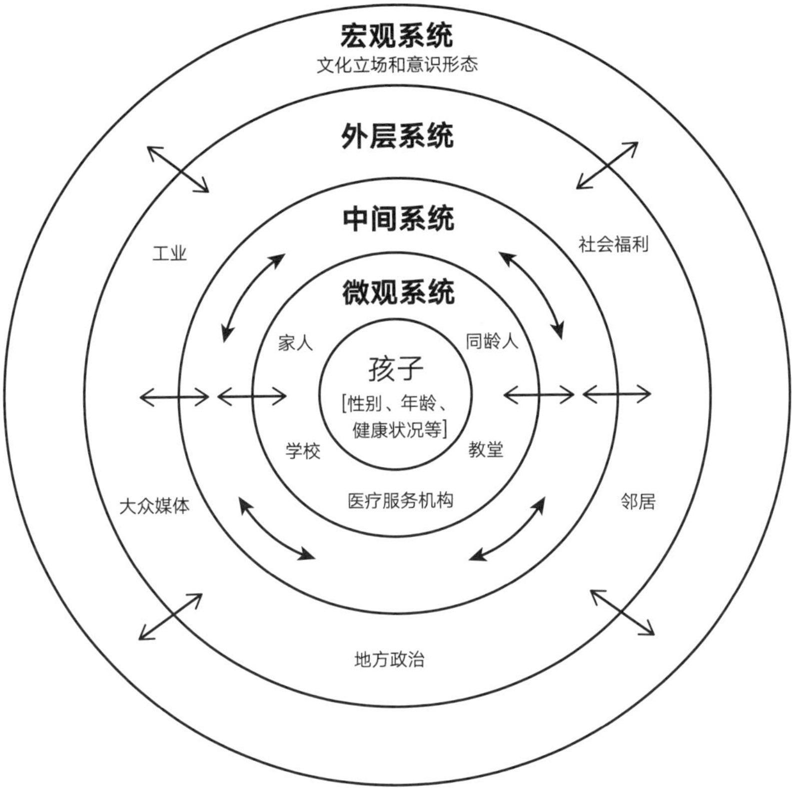

生态系统理论图解

理论的中心

孩子就处在这些同心圆的正中心。在这一区域，我们能够了解一个孩子的基本信息，包括性别、年龄、健康状况以及家庭地位等。想要了解一个孩子是什么样的人，他如何做出对他来说很重要的决定，或者更重要的是，他是如何被允许做出选择的，那么就要了解这一区域的所有信息，这些信息都是非常重要的。

一环：微观系统

微观系统是孩子刚一出生就直接接触的环境，其中包括孩子的主要看护人，大多是几个重要的家庭成员。正是在他们身边，通过他们，孩子们才开始第一次真正地接触和理解这个世界。在下一章，我们开始讨论幼儿的道德、社交和情感发展时，还会再次探讨这个重要的成长阶段。

在这里，只需要了解，微观系统对孩子的影响非常大，这是他们第一次尝试理解社会规则的环境。可以认为，我们最早强加给孩子的社会规则之一是有关排便的，弗洛伊德的性心理理论将我们训练儿童排便的时期描述为“肛欲期”。这套令人吃惊，甚至可以说不是特别有价值的理论体系，把“废物管理”过程看作儿童在 3 岁左右这一阶段成长发育的非常重要的问题。尽管如此，弗洛伊德的理论确实突显出了在这段重要的、臭烘烘的成长阶段，我们会对孩子产生潜在的影响。正是在这一阶段，孩子们开始学习配合父母的一套规则，即哪些事该做，哪些事不该做。如厕可能是他们第一次接触到社会规则，并知道其中有严格的“不可以”，也有一些“可以”。

接下来的几年，父母搭建的“脚手架”还会延伸到语言的使用；

理解正确与错误之间的界限；理解可接受的行为与不可接受的行为之间微妙的差别；从一个特定的家庭驱动角度来看，对重要和不重要的基本理解，等等。有一些家庭有着稀奇古怪的规矩，比如尼尔的家庭。尼尔是一位非常慈爱的父亲，他制定了一条严格且不可违反的家规，那就是绝不准许在星期天剪脚指甲。这对他和他的家人很重要，也影响了他的家庭生活。这是一种个人选择，而不是社会对完美足部护理的要求。

再举一个微观系统不协调的例子。20多年前，我教过一个小男孩，在这里就叫他布莱恩（不是真名），他说话特别刻薄，常常害我流泪。我记得一件真实的事情，有一次，布莱恩非常想上厕所，那时我刚刚取得教师资格，教二年级课程。尽管经验不足，我也明白布莱恩着急上厕所。我准许后，他一溜烟跑了。过了一会儿，布莱恩回来了，他一副难为情的模样，挥着一只沾满棕黄色污秽物的手让大家看。面对这种情景，我的反应极其可笑。

我问的第一个问题很傻，第二个问题很白痴。当他举着那只让人无法直视的手时，我不知所措地问：“那是什么，布莱恩？”他实事求是地回答：“这是屎！”我已经尴尬到无法思考，脱口而出：“在哪弄的啊？”（这还用问？！）布莱恩淡定地回答了我的盘问：“从我的屁股！”可怜的小家伙，裤子上的扣子太紧了，在那些不可描述的物质喷涌而出前，他没能解开扣子，于是，他能做的只有用手把它们捞出来了。这个故事除了告诉我们，如果你问一个愚蠢的问题，你就会得到一个愚蠢的回答之外，还告诉我们，微观系统会教你的孩子如何说话，教你的孩子如何使用家庭内部认可的语言。而且，微观系统会教给你的孩子一套规则，通过这套规则，他将知道适合自己的地方以及自己是谁，并将带着这套规则开始他的人生。微观系统帮助孩子们了解他们周围发生了什么，以及如何做出反应。

随着孩子年龄的增长，他们的实践圈子扩展到家庭之外，微观系统开始包括与孩子生活相关的其他社会场合。其中可能包括学校、医疗机构等。这些机构是如何组织的，他们如何与孩子互动，都将影响儿童对这个世界越来越深刻的认识：自己在这个世界上的地位、自己适合哪里，以及更重要的，应该使用什么样的行为规则来应对各种各样的社会要求。

二环：中间系统

中间系统是不同于微观系统的工作过程，这一部分的主题关于相互交流。显而易见，如果一个孩子在家庭和学校中受到了伤害，他们的成长过程将伴随着对周围环境的恐惧，这种恐惧还会表现在他们的行为上。在这个层面上，父母的教养方式很重要。如果父母积极而又真诚地对待孩子的教育，例如愿意参加家长会；当孩子在体育比赛中大放异彩时，他们欢呼雀跃；当孩子遭遇失败时，他们仍然为孩子加油；当孩子参加学校演出时，他们在台下热情地挥手。在这样的家庭中长大的孩子，比起那些在从早到晚都不见父母人影的家庭中长大的孩子，会更自觉地努力学习。

中间系统在儿童的成长过程中起着至关重要的作用，因为正是在这个阶段，家庭精心制定的一些规矩和习惯开始受到质疑。对于我的学生布莱恩来说，几年的学校生活为他提供了一套不那么丰富多彩但更容易被大家接受的语言基础。据我所知，他在课堂上说粗话、骂人的次数一年比一年少了。毕竟，教育的目的是按照社会赖以存在的广泛规则，促进思想发展和塑造思维。随着孩子渐渐长大，中间系统会改变他们所遵循的规则，使其更多地与社会和政治选择有关。有研究指出，父母对孩子选择喜欢什么和不喜欢什么的影响，在孩子 9 岁左右时就开始减弱。这取决于一系列的情形，包括儿童的学业素养和社会能力，身体素质和社交技能，以及生活在什么样的社区。随着孩子眼中的世界越来越广阔，他们的身边会充斥各种各样的声音——交通的轰鸣、友谊的号角、同伴的意见，父母的声音会日渐模糊。因此，9 岁往上的孩子开始要求拥有特定款式的鞋子，对他们来说，拥有一件时髦产品比取悦爸妈更重要，这就不足为奇了。

三环：外层系统

外层系统对内层系统有着直接的影响。外层系统中包括一些直接影响儿童身边的人和事情进程的因素。家庭所能担负的消费水平、孩子父母与祖父母之间的关系质量等问题在这里都很重要。尽管孩子没有工作，但大部分父母要工作。父母的工作情况——失业，或另一个极端，得到晋升——都会直接影响孩子的生活状态。外层系统还包括孩子可能永远无法接触到的一些环境，这些环境会影响与他们互动的人。假如孩子的父母中有一个在工作中非常不开心，那么父母在家里的行为举止以及对待孩子的方式很可能会受到影响。

四环：宏观系统

宏观系统是布朗芬布伦纳生态系统理论的最外层，涉及社区和文化层面对儿童的影响。对位于理论中心的孩子来说，宏观系统只能对他们产生间接的影响，但它仍然很重要。在很多方面，宏观系统为孩子及其周围人们的各种行为提供了宏观背景。我们的孩子都生活在某种社区文化当中，正是宏观系统在维持或改变着这些社区文化。如果宏观系统存在重大缺陷，将会对儿童的福利和生活状态造成毁灭性的打击。宏观系统还影响着一个社区的气氛和文化态度。近年来，世界范围内遍地开花的各类“解放”运动明显地体现了这一点，人们通过举行各式各样的社会运动来改变大众对性、性别和婚姻的看法。

同样重要的是，在这个理论中，宏观系统的变化可能会由外而内地影响到位于理论中心的孩子。20 世纪 80 年代，英国很多地区的人们都见证了宏观系统层面的损毁，很多社区都因煤矿以及其他大型工厂的倒闭而遭受重创，这些社区的居民直接或间接地（例如在面包店工作）依靠煤矿和钢铁厂提供就业机会。我有一些在英格兰东北部长大的朋友，他们直到现在还能看到或听说大约 30 年前宏观系统层面的那场震荡所遗留下来的破坏性影响。他们告诉我，时至今日，在一些成年人的言谈之中，仍然能够听出，他们身为北方人的自豪感里夹杂着对未来的悲观。这些不够乐观的言传，必然会影响在这些社区中生活的孩子们的思维。

宏观系统影响着整个社会，它提供同时也限制着我们每一个人所能够得到的机会和经历，其中一些机会和经历对孩子的健康成长和人格发展至关重要。如今，更迫在眉睫的宏观系统问题包括街头犯罪和暴力的盛行，以及游乐场所和青年中心的可获得性。2018 年的头几个月，伦敦市的持刀犯罪报告急剧增多，30 多名青少年不幸遇难，这是宏观系统最大的失败。透过这类例子，我们很容易看出这些因素是如何影响孩子的情绪、健康和社交能力发展的。宏观系统的其他影响因素包括一个地方的既定社会和文化历史，以及政府的法律。

然而，宏观系统并不总是万恶之源。一位心理学教授给我讲过一个故事，这个故事印证了文化和儿童思维是密切相关的。这位教授告诉我，他从事的一项研究表明，美国、英国、俄罗斯，这 3 种不同文化中的小学生对待阅读的态度存在着明显差异。为了课题中“增进了解”这一元素，他花了一些时间深入学校的社交环境中与孩子们相处。在午餐和课间休息时，孩子们会凑过来问他很多问题。正是在这些轻松随意的环境中，他开始注意到孩子们思维上的根本差异，这些差异植根于宏观系统层面，是他既没有预料到也没有考虑到的文化差异之一。当他在校园里四处溜达时，他注意到在这 3 个国家的校园里，孩子们闲聊的话题有很大的不同。

教授回忆说，当他来到英国的校园时，到了操场上，孩子们三五成群地聚拢过来，用一个到处可见的问题来试探他在操场上的资格：“那么，先生，你最喜欢哪支球队？”他的回答引起了一阵欢呼，也招来了一连串嘘声。他说，在英格兰，无论走到哪里，要不了多久他就会被要求亮出他的队旗。在美国，他也被问到了类似的问题：你最喜欢哪支橄榄球队？你最喜欢的棒球运动员是谁？最后，他来到了俄罗斯，为了提前做好准备，他快速浏览了莫斯科当地球队的情况介绍。令他惊讶的是，课间休息时，一群小学生朝他走来，并没有提出体育问题，而是问他：“你最喜欢的狄更斯的小说是哪本？”他说这是一个真诚的问题，而且孩子们对他的回答确实很感兴趣：“《大卫·科波菲尔》？哦，不，我最喜欢《雾都孤儿》！”

在访问俄罗斯的其他学校时，他很明显地感受到了这种对文化和教育的重视。对教育的态度来自宏观系统层面。在世界上的许多地区，学校周六是正常开放的，很多孩子似乎也很乐意去上学。这样的教育方式似乎依靠的是一种内在驱动力，那就是人们渴望通过受教育来提高自己。我想知道，如果你所在的城市里，学校星期六正常开放，会有多少学生愿意去上课？

时间系统

关于布朗芬布伦纳生态系统理论，我想探讨的最后一个方面是时间系统，它与时间的流逝以及社区、生活方式的变化有关。《第三只眼》杂志于2016年刊登的一则漫画出色地阐述了对社会变迁的这种理解。这幅漫画描绘的是一位中年绅士站在火车站的售票窗口前，正在跟值班的售票员交谈。字幕写着：“我想回到简单的时代，谢谢。”这幅漫画的精髓在于，把它拿到过去100年中的任何一个时间点，甚至100年之前，这个笑话仍然很有趣。时间是我们要考虑的一个重要因素。时间不仅有助于我们理解这个生态系统理论的运作，还提醒我们应该以成年人的姿态去处理欺凌。另外，时间还告诉我们，可以换一种思路看待欺凌，结合时代背景来看待当下的事件。我想更详细地谈谈时间系统，探索社会的变迁，以及这一因素对孩子们的发展和他们现在的生活又意味着什么。我相信你已经很清楚，现在10岁的孩子和你小时候相比，过着完全不同的生活。要想更好地了解恃强凌弱者以及他们的行为，还有一些重要因素有待我们去考量。

不一样的童年

你的童年是什么样的呢？对我来说，作为一个生活在20世纪六七十年代的孩子，我的童年和今天孩子们的生活大不一样。改变的不仅仅是玩耍的方式，整个世界似乎都变了。曾经，所有的孩子都在外面玩耍，在田野里奔跑，在树林里游戏，或者，胆大包天地跑到大马路上游荡，家里的后门整天随意地敞开着，常常能见到各种各样的小动物。过去的生活更简单，也更安全，连星星看上去都比现在的更亮，草地也更绿，空气也更清新。这是我的幻想吗？还是那个时代真的好得多？显然，我们生活的这个世界一直在演变，没有什么是一成不变的。似乎生活中唯一不变的就是变化本身，而我想要在这里着重讨论的就是这个进程——对生活的适应。

要想弄明白所谓的童年的概念，我们也必须尝试去理解所谓的成年的概念，这两者在定义上是相辅相成的。在一些文化中，孩子在 18 岁生日那天会收到一把钥匙，意味着开始有权利跨过成年的门槛，合法地享受作为成年人的陶醉，同时也要开始承担伴随着成年而来的责任，可谓喜忧参半。我不清楚你的感受如何，我的 18 岁生日对我来说，就像第一次熬夜守岁一样重要（那是在我 7 岁的时候，我才不会等到 18 岁呢）。这次体验远比我所期待的要平淡得多，我心里想的是：

（嗤之以鼻）“哦，就这？”

没有突如其来的对世间万物的顿悟，也没有将一切都想清晰的豁然开朗。胡子、肌肉和财富都不是一夜之间出现的（老实说，我仍在等待后两者的到来），当然也没有从天空传来的低沉声音：“欢迎啊，地球上的成年人！”完全没有。作为一个真正的成年人，我用和昨天一样的方式开启了新的一天，而昨天我还只是一个青春期的少年呢。其实，对我来说，那感觉就像在那个普天同庆的时刻，秒针滴答一下，地球一瞬间从 20 世纪进入了 21 世纪。尽管谣言漫天，可据我所知，在 2000 年 1 月 1 日 00 时 00 分 01 秒，并没有一架飞机从天上掉下来，世界各地的计算机也没有像许多人预测的那样崩溃，让人类社会遭受电子数据的暴击。从很多方面来说，时间变化的界限是一个人为的概念，就像这种变化引起的焦虑一样。

从现代社会的角度来看，成年和童年是泾渭分明的两个概念，这种划分是社会随着历史发展而建构出来的。但情况并非向来如此。法国历史学家菲利浦·阿利埃斯（Philippe Ariès）认为，直到大约 10 世纪到 13 世纪，童年的概念都还不存在，就角色和责任而言，儿童和成人之间没有很大的区别。在那个时期，人们组建家庭的目的是生存。甚至直到 17 世纪，儿童还普遍被认为是“迷你成年人”。那时没有学校，也没有劳动分工，大多数孩子和所有人一样，每天都为了生活而努力劳作。人们可能从很小的时候就参与觅食、耕作、打扫和做饭。在这种情况下，受教育就是学习如何运用家族代代相传的知识和技能生存下去。据一些历史学家披露，在那个年代，人们往往直到确定孩子能活下来才给他起名字，而且通常会取已故兄弟姐妹的名字。在那个遥远的年代里，童年是一个未知的概念，它还没有被创造出来。

这种情况不仅仅是历史故事，即使在今天，不同文化对待儿童的方式也大不相同。当今，在一些国家的血汗工厂里，还常常能够见到很多儿童日复一日、没日没夜地劳作，为似乎总也填不满的纺织品市场生产服装等商品。童年这一概念似乎不是从一开始就有的，它是在人类发展的某一个阶段中产生的，一些文化创造了它，而不幸的是，另一些文化忽略了它。

如果暂时把这些放到一边，我们可以认为，成年人和儿童的本质区别在于相关法律条款中对个人责任的限制。例如，在大多数国家，人们普遍认可，个人在十五六岁或十八九岁之前不准许饮酒、驾驶汽车，也不具备承担结婚这个重大责任的资格。因此，通向成年的仪式在一定程度上取决于一个国家的法律。一旦法律和公众意愿认为童年应该在何时结束，童年似乎就在那里画上了句号。

现在让我们回顾一下，人们对于童年的期望值是如何随着时间的推移而不断变化的，以及社会眼中孩子的正常行为应该是什么样的。为了便于讨论，我想把例子局限在西方文化的生活中，部分是因为我自己对这个范畴更熟悉，另外也是因为这种视角限制了变量，在纵向比较随着时间的推移而变化的童年面貌时，更加简单明晰。

童年应该是什么样子的？每个时期人们的看法都不同。要阐明这一点，最好的办法是看看典型的童年行为是怎么定义的，同时参考过去 100 多年来孩子们不得不参与的活动和面对的难题。在这里，为了避免细节太多造成理解困难，我需要忽略一部分因素，譬如地理位置和家庭收入等方面。这些因素都很重要，但我在这里并不想精雕细琢。可以这样说，我想描绘的是普通工薪阶层家庭的“普通”孩子。即使化繁为简到这个程度，但我们还需要了解一些行为的背景。

在维多利亚时代之前，人们仍然以为童年是一个非常浪漫的概念。但真实情况是，不计其数的儿童在工厂、矿井或农场里劳作，甚至死去。孩子的生活和成年人的生活没什么不同，而且影响力更小，也没有为自己发声的权利。讽刺的是，法国哲学家卢梭竟天真地认为，童年是人生中一段安宁、神圣却又非常短暂的岁月，在那之后，就要步入成年人的残酷世界，接受生活的碾压。这也许是一个例子，但却代表了社会中一些特权阶层的麻木态度。尽管这种观点如此荒谬，但一些作家和哲学家还是随声附和，这显然对文化思想产生了影响。

一些艺术史学家指出，绘画作品中的儿童形象反映出了人们态度的变化。在浪漫主义思潮兴起前，画作中的孩子们通常穿着缩小版的成人服装，从事着成年人的工作或展示技能。随着浪漫主义思潮兴起，绘画作品在风格上变得更加柔和，更多地展现出儿童的天真和脆弱。19 世纪早期还出现了大量专门写给孩子们看的书籍，这些儿童读物的主题主要是鼓励孩子们尝试阅读和写作。

到了 20 世纪末，儿童小说的种类突飞猛进，甚至还出现了儿童自助书籍。可是，当爱德华七世在 1901 年继位时，这类奢侈品在很大程度上已经不重要了，几乎可以肯定的是，对于大多数孩子来说，书籍都是遥不可及的，因为他们需要、想要的，远比这些更基本。

在 20 世纪头几十年里，对于大多数不足 10 岁的孩子来说，童年过得非常艰难，当时婴幼儿死亡率高得惨不忍睹，所以一切都是为了活着。那时大多数人非常贫困，疾病肆虐，主要城市生活条件简陋，空气质量很差。大家庭的生活空间很狭窄，卫生条件差，相当一部分人吃不饱。这些情况意味着，疾病和困苦始终是童年的关键词，是维多利亚时代社会政策给英国留下的难以磨灭的伤痕。孩子们不过是在挣扎求生，拼命争夺稀缺资源。直到世纪之交，竞争力和地位仍然是孩子们生活中无法回避的重要组成部分。

如今，希望之光已经出现，全民教育的推行，意味着儿童不再需要在危险的条件下每天工作 12 个小时。在英国，政府开始着手清除受工业革命影响的市中心贫民区，并提供更有利于人体健康的生活环境。农村的情况稍好一些，空气质量较高，但人们的生活不一定更轻松。

有人认为，纵观人类历史，20 世纪是人类文明大放异彩的一个时期。令人难以置信的是，上述种种苦难并不遥远，在所谓的发达国家，上一代人刚刚才经历过。虽然今天也有一些人生活艰难，但谢天谢地，这已经不再是普遍现象了。我们的生活与我们祖父母过去的经历已然有了天壤之别。我妻子的祖母在约克郡度过的童年，每当回忆起爱德华七世时期，她总是忍不住伤心落泪。她和家人住在利兹北部的农场里，简陋的住宅里连地板或地毯都没有，只有裸露的泥地。我还记得我母亲曾告诉我，当她还是个小女孩的时候，住在约克郡的一个村庄里，那时她常常到水井边去取水，战争期间，她被迫离开了童年家园，颠沛流离。

因此，我想花一点时间来讨论儿童成长过程中的一些重要因素，以及过去 100 年里不同时期的孩子生活状态的差异，由此来看看童年是如何变化的。这些探讨能够为我们提供一些思路：童年的变化对欺凌的变化可能存在着什么样的影响，以及如何处理一些孩子选择欺负他人的心理需求。

做游戏

丰富的想象力是童年的基本特征之一，它是孩子们心智发展中不可或缺的一部分，可以说，天马行空的想象力是孩子们最可爱的天性之一。孩子们热衷于角色扮演游戏，经常把身边发生的事件加以发挥利用，来满足他们对幻想、荣耀、轰轰烈烈的死亡以及冒险的渴望。在实行严格配给制度的20世纪40年代，英国的孩子们满脑子都是英勇的战斗和对纳粹的民族仇恨。在那段苦难的日子里，孩子们向自己的内心寻求庇护，把一根普普通通的棍子当成手枪，把一块鹅卵石假装成手榴弹。孩子们在假装搭建的战地医院里，安置了绑着绷带的木偶娃娃伤员。

在战后的头几十年里，英国启动了新住宅项目，把废弃的荒地改造成了带有花圃和公园的新住宅区，孩子们拥有了更广阔的户外玩耍空间。对于20世纪50年代的孩子们来说，户外是展示想象力的舞台。那时，公园、街道和田野都是孩子们挥洒创意的画布，孩子们在那里天马行空地畅想、无拘无束地玩耍。足智多谋的他们总能变废为宝，把搜寻回来的东西制作成各种道具，比如把从花圃里摘来的花瓣制成带有异国情调的香水，把泥巴制作成各种“美食”，木板箱和旧婴儿车可以用来表演一场小话剧，家门口的台阶变成了热闹的小剧场……在此之前，孩子们从来没能像现在这样，自由地发挥想象力和创造潜能。

随着时代发展，玩具越来越便宜，孩子们得到的玩具也越来越多。战后的英国经济复苏，家庭财富激增，孩子们被宠坏了，玩具多到令人眼花缭乱，孩子们可以选择各种各样的棋盘游戏、玩偶娃娃和机械玩具。但大多数玩具仍然很简单，是用一些天然材料制作而成的，比如金属、木材、橡胶和纸。同时科技也把电视带到了千家万户，为家庭生活增添了视觉享受，孩子们可以通过观看影像来刺激思维。

20世纪60年代，电池和小型电动机取代发条装置，进入了大众生活。20世纪60年代的孩子在玩耍中体验到的新奇和刺激，是以前的孩子所无法想象的。但是，毫不夸张地说，孩子们几乎不知道怎样张开想象的翅膀。塑料生产工艺不断更新升级，游戏世界永远改变了。孩子们不再需要用包装袋做宇宙飞船，也不再需要用旧纸箱给布娃娃盖房子。更便宜、更新奇的玩具取代了手工艺，孩子们不再费心思做道具，玩耍的时间变得更多了。

到了20世纪80年代，随着电子技术的进步，电脑走进了家庭，游戏和想象的世界被赋予了全新的意义。孩子们可以足不出户，随时把电视机当成乒乓球台。电视机的作用不仅仅是看节目，更重要的是成了娱乐的平台。自从插件游戏面世以来，儿童游戏最根本的变化可能就是停止想象、开始观看。

今天，孩子们通过屏幕来发展想象力，从中能够获得的视听体验的广度、深度和丰富程度非常惊人。孩子们不再需要用树杈在想象中重现第二次世界大战，也不再需要自己“嗷嗷”叫地发出爆炸声来烘托气氛；更不需要再在硬纸壳上精心涂鸦，给他们的小木偶、小马和独角兽制作背景幕布。浩瀚的星河不再遥不可及，如今，只需动动手指点击一个按钮，就可以看到所有这些，甚至更多内容。在游戏中，想象力变得多余。此外，面对面的社交似乎变得可有可无，与此同时，与同龄人或同事相处所需的基本社交技能也变得无关紧要。今天，还有多少家长能听到敲门声伴随着这样的邀请词：“安娜出来玩吗？”或者：“安娜可以到我家来玩吗？”孩子们现在可以敞开胸怀，邀请来自天南海北的完全陌生的人进入他们的心灵圣地，甚至进入他们的卧室。

重要的是，我们要思索这些改变有没有让童年变得更好或是更糟，更重要的是，对于我们要讨论的主题来说，这些变化对我们理解今天的欺凌行为是否有影响。我想答案是肯定的。接下来，我们看看童年变化的另一个方面，以及可能影响我们理解欺凌背景的另一个因素——延迟满足。

延迟满足

在心理学术语中，延迟满足是指一个人成熟到具有等待奖励的能力。在考虑如何管理期望和处理失望时，这一点尤其重要。简单地说，孩子们需要懂得一个非常现实的概念：在生活中，不可能想要什么就会立即得到什么。通常情况下，必须去争取，而且，还有一点肯定的是（苍天饶过谁），还要等待。

不公平地输掉游戏就是一个很好的例子，这往往是孩子们最早体验到的“委屈”：得不到他们认为应该属于他们的东西。玩掷骰子游戏时，孩子用了 3 次机会好不容易掷出 9 点，却输给了只用两次机会就扔出 10 点的爸爸，我应该不是唯一一个目睹这种人间惨剧的家长。随之而来的抗议让人感觉就像这孩子亲眼看见别人烧了他的泰迪、撕了他心爱的书似的。从养育的角度看，这些都是你的孩子在学习、成长和发展的道路上必须经历的残酷教训。如果处理得当，这些经历会让眼泪汪汪的孩子懂得，人生就是一段五味杂陈的旅程。关于延迟满足，需要孩子们学习的另一方面是，他们可能会得到他们想要的东西，但不一定是在他们想要的时候。孩子们的常用伎俩是哭闹：“现在就要！”罗尔德·达尔（Roald Dahl）的小说《查理和巧克力工厂》中那个极度骄纵而又贪婪的韦鲁卡·索尔特就是一个很好的例子，她把“飞扬跋扈”这个词演绎得淋漓尽致。她的父亲非常富有，却不懂得如何教育孩子，只要女儿想要，他会随时满足女儿的任何要求，傻乎乎地以为这会让女儿快乐。如此一来，索尔特小姐所追求的是她何时能得到她想要的东西，而不是拥有这个东西的快乐。被娇惯的孩子在生活中可能会拥有许多东西，但也会失去耐心和延迟满足的技能。

如今，人们待在客厅、厨房或卧室就可以购物。在需要的时候，我们只要点开购物平台，对着语音输入说“游戏机”3个字，轻轻松松就能买到它，一些网上购物平台还可以实现当日送达。天哪，我就等着将来科学家发明机器猫的任意门了。到那个时候，我们延迟满足的能力又会是什么水平呢？

“妈妈，能给我买个新玩具吗？”

“不行，宝贝，刚刚买了一个呀，还不到2个小时呢！”

“我不喜欢刚才那个了！”

（发脾气，满地打滚）

“唉，好吧！”

“任意门，给我一个新玩具！”

（电子音效）

“好的！”

可以说，童年和青春期的主题之一就是音乐，音乐在很多方面定义了一代人。随着时间推移，音乐产业的文化似乎成了不同的流派：20 世纪 50 年代是狂热的摇滚时代；20 世纪 60 年代是崇尚自由的“嬉皮士”时代；20 世纪 70 年代出现了流传至今的前卫摇滚和声嘶力竭的“朋克”摇滚。对于一代又一代的青少年来说，音乐已经成为身份认同和青少年文化的重要组成部分，我自己也是如此。在 20 世纪 60 年代以及之后的大约 30 年里，预测电台的单曲排行榜总会成为儿童和青少年一周的谈资。

在 20 世纪 70 年代，一张老式 7 英寸唱片的售价为 75 便士（约 6.6 元人民币），到了周日晚上，我会屏息静气地等待，看看我辛辛苦苦攒下的钱是否花得值当，我买的唱片能不能冲上榜单前十。在那个年代，75 便士对于一个十几岁的孩子来说可不是一笔小数目，我需要仔细掂量应该怎么花。因为对于我们孩子来说，攒下这样一笔钱是需要时间的。如果我想买到人气最旺超级明星的最新金曲，那么我就必须忍痛割爱，放弃拥有一两个星期的糖果和漫画。一旦攒够了这个神奇的钱数，我就会和伙伴们花一天的时间，去城里购买心目中那张神圣的唱盘——简称“圣盘”。一旦把它买到手，在接下来的几周时间内，我们将迷失在那张神圣的 7 英寸唱盘里，如痴如醉、没完没了地努力模仿每一个词，每一个“欧耶”，每一个“啊哈”，并且毫无疑问地把我们的父母烦到崩溃的边缘。

我确信，在今天，音乐依然像过去一样，在青少年的文化中扮演着重要的角色，但似乎又遗失了某些东西，那就是获得一张“圣盘”所需要付出的等待和努力。如今，只需按下一个按钮就能得到心仪的音乐，并且能够以一种看不见摸不着的形态储存起来，不用考虑地球引力，也不占地方。音乐现在更加快捷，孩子们不用等到攒够钱以后才能得到自己喜爱的歌曲。人们很容易认为，购买音乐似乎没有多少情感和实体价值，因为除了屏幕上弹出的提示语“下载完成”，再也没有其他可显示的了。就像韦鲁卡·索尔特一样，今天的儿童和青少年对于自己想要的东西，似乎正在失去等待的能力和必要的耐心。随着这个世界变得越来越快捷便利，儿童发展需要的这一重要部分似乎在逐渐遗失。

看来，在科技浪潮的冲击下，努力与回报之间的联系正在变淡。说了这么多，可能有人觉得我像个老顽固，科技明明给我们带来了那么多便利！可是，考虑到儿童的成长，我们可以清楚地看到，孩子们延迟满足的能力正在缓慢而又切切实实地被消磨：想要吗？当然！请点这里。太棒了！是你的了。

在当今的青少年文化中，年轻人越来越期望一旦有了诉求，就能立即得到满足，这将是理解欺凌行为的一个重要考虑因素。我们在第四章中还会讨论这个问题。

认知和交流

现在，我们来着重看看儿童对世界理解方式的变化。同样，我在这里只能提供一个粗略的概述，但其中有一些非常有用的原理，在稍后的章节中还会提到。这里所说的世界指的是全球范围内的世界，理解周围的世界对孩子的智力成长和情感发展无疑是至关重要的。

我在《来自星星的孩子》一书中，研究过牛顿和威尔逊的“亲密关系圈理论”。这个理论很重要，值得我们来简单回顾一遍。

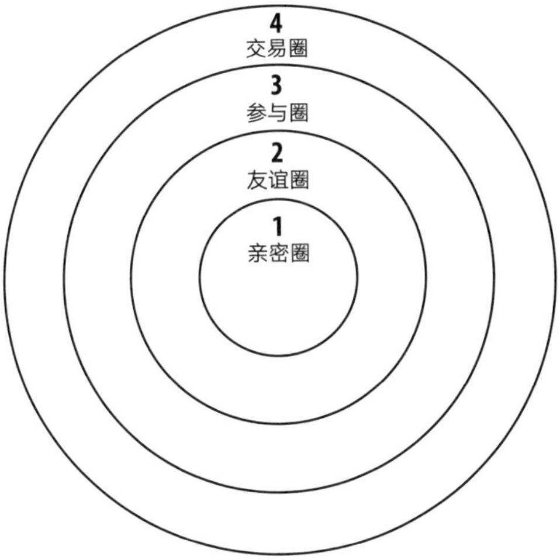

就像许多类似的理论一样，研究对象处于正中心的位置。第 1 层圆环是“亲密圈”，这个圈子中的人是我们的社会关系和情感的支柱。第 2 层圆环是“友谊圈”，用牛顿和威尔逊的话来说，这个圈子里的人是我们的“同盟”。第 3 层是“参与圈”，这个圈子里的人在我们的生活中扮演着“伙伴”的角色，我们常常与他们见面，比如在学校里、公司里。第4层也是最后一层圆环是“交易圈”，通常情况下，只有我们“付费”，他们才会走进我们的生活中，比如牙医、宠物医生、理发师。

在科技进步的影响下，这些圈子之间的边界已经开始变得模糊了，这一点很重要。为了更清楚地说明这个问题，需要讲讲过去的故事。

在20世纪初，大多数人的生活圈子很大程度上是由地理位置决定的。绝大多数在生活和思维上能够相互产生影响的人，往往都生活在半天的步行距离之内，在偏远的乡村尤其如此。对于很多生活在城市里的人来说，这个距离甚至更短。按照现在的标准来看，那个年代的全球通信网络太差，大多数人都通过报纸和口口相传的八卦消息来了解周围发生的事情，总是要过好几天才知道世界各地发生的大事件。与19世纪相比，电报和电话的出现大大加快了信息共享的进程，在当时人们认为这已经是很大的进步了。

在接下来的40年里，家庭生活的核心模式基本上没有变化。对大多数家庭来说，收音机成了了解外界信息的主要来源。一到晚上，家家户户都会准时聚集在收音机周围收听新闻和故事。这就意味着，儿童首先在家庭中了解这个世界，而人们得到的信息是经过广播和媒体机构过滤了的。各个家庭有自己的认知基础，与此同时，人们在与街坊邻居聊天的过程中也会改变自己对一些事情的理解。而后，电视开始在一些家庭里出现，给人们带来了新的新闻来源。但归根结底，人们对世界的认识仍然是由牛顿和威尔逊所谓的“付费”专业人士编排的。在儿童和青少年的眼前，这个世界就像清晨薄雾里的一朵花，正在缓缓地绽放，可是灌输给他们的信息仍然是经过仔细过滤的。

这个亲密圈、友谊圈、参与圈和交易圈的理论反映了人们获取信息的途径。信息往往会从外圈层层过滤到中心圈，人们纷纷将所听到的内容代入情景，每层圈子的人都会挑拣出更情绪化和更重要的信息动态。随着科技进步，尤其是电脑和手机的普及，这种信息获取模式永远地改变了。在此，我们有必要详细地探讨这种技术，因为它改变了孩子们的交流方式，更重要的是，与这本书主题相关的，孩子们如何利用技术欺负他人。

电脑和手机

在 20 世纪 80 年代以前，父母如果想知道他们的孩子跑哪去了，会像繁忙的集市上兜售商品的小商贩一样扯着嗓子大喊："格雷厄姆，你的茶泡好了，快来喝！"一边喊一边从后门或楼上的窗户探出身子，等待他们的孩子在附近某个地方发出抱怨的回音。在手机出现之前，很多情况下，父母和孩子之间，以及孩子与孩子之间的基本交流都受到人类嗓音音量的限制。今天，限制人们交流的是打字速度：

"在哪？"

"楼上。"

"你的卧室？"

“是啊，还能在哪？”

“我还不知道你？成天到处窜。”

“那你到底有什么事啊？”

“你的作业写完了吗？”

“我的天！”

“？？？”

“呃，我看看。哇哦！我写完了！”

“好，10分钟后茶点。”

“什么配茶？”

“鸡肉沙拉！”

“呃，晕！”

“逗你啦！”

我们不仅用打字来代替口头交谈，而且还会使用一些非文字的表达方式，它们常常伴随口头语出现。今天，一个简简单单的“哦”字，配上不同的表情，就可以表达出完全不同的含义。

哦！

哦！

哦！

哦！

随着另一种流行文化——“表情符号”的出现，我们用非语言化的面部表情强化了交流效果，弥补了书面文字中的缺失元素。很讽刺的是，因为我们很少需要口头交谈，所以我们创造了更多的表情符号来弥补口语的缺失。然而，必须要说的是，对有些人来说，这种不见面的交流方式比面对面的交流更容易，尤其是要说不好或不愉快的事情的时候。在第三章我们开始研究欺凌行为时，这一点将很重要。

关于社会变迁，我们要讨论的最后一个方面是教育在过去一个世纪中所发生的变化。很多人一听到欺凌这个词，就联想到学校，但这是不公正的。欺凌其实是一种非常普遍的社会现象，除了学校，其他地方也有欺凌，而且似乎更常见。尽管如此，在本节中，我们也需要探讨学校的结构、社会角色和功能在过去几十年中发生了哪些变化，这有助于回顾我们是从什么时候开始将校园欺凌与压力、焦虑联系起来的。当然，每个国家的教育环境和制度不同，你可以思考一下自己所处的教育环境和教育发展情况。

教育简史

从18世纪末到维多利亚时代中期，英国的“基督教知识普及协会”开始为穷人设立慈善学校，主要关注的是7~11岁的孩子。与此同时，“主日学校运动”严格规定了周日这一天孩子们要参加学习，于是，7~11岁的孩子进入非工作的社交场所变成了习以为常的事情。许多孩子从日复一日的劳作中解脱出来，接受有组织的宗教教育。

1811 年，全国贫民教育促进会成立。1944 年，《教育法》将学校纳入国家教育体系。在那之后，英国各地用于办学的资金越来越多，建立了更多的学校。

1981 年，《教育法》正式认可“特殊教育需要”新概念，从法律上保障了一体化教育的顺利推行，明确保障特殊儿童进入普通学校接受教育的权利。与此同时，语法和综合体系也发生了改变。

1988 年，英国议会通过了《教育改革法》，这或许是英国儿童教育方式的一次根本变革。与此同时，市场经济的概念也在逐渐深入人心。在这种形势下，那些教学质量差的学校只好眼睁睁地看着大量学生涌向更好的学校，毕竟家长是站在孩子的立场去选择的。英国推广了全国统一课程，学校应该教什么、什么时候教，都有了统一的要求。随着全国统一课程逐渐成为儿童教育的新方式，人们开始认为有必要核查学校是否提供了“货真价实”的教育，随之第一次引入了学校视察制度，目的是检查学校是否提供了政府所认同的高质量教学。因此，教育标准办公室，也就是后来的教育、儿童服务和技能标准办公室诞生了。

自 1988 年推广全国统一课程以来，学校和老师就像孩子们一样，都要接受严格的审核。这一点很好地体现在了几乎一年比一年高的期末考试成绩上。但是，严格的审核制度给学校教育增添了一项很难测评的内容，那就是无形的压力。这里所说的压力指的是学校为了追求卓越，不断提高教学质量的目标给师生带来的压力和焦虑。压力和欺凌是密切相关的，这里有一些重要的论断，能够帮助我们思考如何开始解决棘手的校园欺凌问题。

透过“温室”的窗户去观察

在这一章中，我们把童年放在了“温室”的中心。我们从历史的角度审视了社会如何构建童年，以及过去的 100 多年来，社会是如何变迁的。对于成长中的孩子们来说，这些变化从方方面面影响着他们的经历，而这些经历对孩子的成长是非常重要的。很明显，社会塑造了人们的人生经历、语言运用，以及相互交流的方式。同样清楚的是，时过境迁，今天的孩子们所面临的挑战与 50 年、30 年、20 年，乃至 10 年前的孩子们必须面对的挑战已经大不相同了。几个世纪以来，童年一直都是人生中需要面对的挑战阶段，但需要面对的挑战已经从本质上发生了改变：从追求身体健康过渡到追求心理健康；从努力活着转变为努力生活。

同样值得关注的是，在过去的 50 年里，官方已经开始重视并着手研究欺凌行为。然而，尽管孩子们的童年生活、教育状况乃至整个社会面貌都取得了巨大的进步，但欺凌事件的发生方式，以及孩子们诉说自己被欺负的方式几乎没有改变。

有一些证据，特别是来自挪威和约克郡的证据表明，一些措施会使得欺凌事件的发生率在短期内下降。然而，来自卑尔根市和谢菲尔德的研究数据显示，随着时间推移，这些措施会逐渐失效，对欺凌事件发生率的影响也会减弱。欺凌现象似乎自成体系，不大受社会的影响。难道社会和欺凌现象之间的内在联系并不像我们想象的那样紧密？倘若真是这样，那么很容易得出这样的结论：如果社会不应为欺凌担责的话，那么问题一定是出在个人身上，是某些个人因素使得一个孩子想要欺负别人。我并不认为这种说法完全没道理，环境必定在其中发挥了作用。在布朗芬布伦纳勾勒的理论中，宏观系统由外而内地影响个体，而后再由内向外地发挥影响。

可以明确的是，人们的生活在改变，童年经历在变化，学校也变得和以前大不一样。在这样翻天覆地的历史洪流中，欺凌似乎从不缺席，而欺凌行为的性质、目的和机制也在随着时间的推移而改变。欺凌现象仍然存在，但其发生的原因可能已经对社会变迁做出了有机反应。

如果社会要承担部分责任，那么显而易见，个人对社会的反应必须承担另一半责任。正如我们所看到的，大量数据表明，约有一半的孩子报告说，他们感到自己在中学阶段至少被欺负过一次。这个数字高得让人难以置信，这说明欺凌是人性的一个侧面。为了探讨这个相当阴暗的论断，我们现在将注意力转向个人的社会和情感发展。这可以帮助我们理解为什么有些人会选择欺负别人，而有些人则不会。

第二章

为什么会选择欺负别人

孩子们并非天生就会欺负别人，即使他们生来就携带“尚武基因”。
法伦教授自己的成功故事就表明，
生活经历（在他的例子中，包括一个快乐的童年）
可以中和基因的影响，甚至能阻止其做出不当的行为选择。

CHAPTER TWO

我们与生俱来就具有伤害他人的内在需求吗？残忍、胁迫和欺诈他人真的就是人类的天性吗？也许吧。100 多年前，西格蒙德·弗洛伊德（Sigmund Freud）提出，人类天生就具有两种相互冲突的自然驱动力：一种是“生”的驱动力，他称之为“厄洛斯”（古希腊神话中的小爱神）；一种是“死”的驱动力，他称之为“塔纳托斯”（古希腊神话中的死神）。“塔纳托斯”更具颠覆性和破坏性，弗洛伊德认为其与人们的破坏行为和攻击性密切相关。他可能是对的。随便打开国际新闻，就能看到里面充斥着关于人类尔虞我诈和残暴行径的报道，且日复一日，年年如此。看这种新闻实在是一种令人沮丧的消遣。

从英国政府部门和各大慈善机构所收集到的有关欺凌行为的统计数据来看，过去的几十年里，欺凌行为在社会各层面的存在程度几乎没什么变化。尽管政府已经在各行各业花费了大量的金钱，发出了无数次倡议，但欺凌行为对人们的困扰程度似乎仍然和 20 世纪 70 年代（第一次收集有关欺凌行为的统计数据）时一样严重。好像无论我们看向哪里，哪里就有人在虐待和欺诈他人。于是我们很容易就得出这样的结论：人类生来就是一个爱与恨、养育与伤害、创造与毁灭的交织体。

美国加州大学精神病学教授吉姆·法伦（Jim Fallon）似乎对人类或许天生具有攻击性这一论断寻找到了答案，他使用了众多的证据来支撑他的研究，而对于这些证据，人们又大都觉得难以反驳。他在研究中发现，有些人与生俱来就携带他所称之为的“尚武基因”。他认为，人体 DNA 当中的这一组成部分造就了更大的攻击性、叛逆性和对抗性行为倾向。有趣的是，博学的教授本人也携带这种称不上体面的基因，我相信这对于他和他的同事们来说都同样感到吃惊。然而，他的研究表明，一种攻击性欺凌行为的倾向有可能真的是一种现实存在。

如果这一论断是正确的，那么关于环境的影响以及这种影响究竟如何随时间变化的问题就有可能要被看淡，这可能会让那些在“先天与后天”或者“遗传与环境”的争论中支持后天观点的人感到不那么舒服。本章探究的正是各类研究工作在关于儿童如何成长和发展的问题上带给我们的一些重要思考。我们将探讨一些非常重要的影响因素和影响面，它们有可能是一个孩子决定选择用欺凌他人的方式来解决问题的关键所在。我们还将考查孩子们在社交、学业和情感发展的各个方面是否会导致其欺凌行为由被动型变成主动型，抑或是否会促使这种改变向反方向发展。我们的探讨可能会为欺凌如何以及为什么会成为某些孩子在“混世”时的必备工具这两个问题提供某些解答。关于欺凌话题的一个最基本的问题就是“为什么某些孩子会选择欺负别的孩子”，我们一直在寻求答案，但第一章中所探讨的诸多变化是否与这个问题无关？有这个可能吗？

法伦教授的研究工作最有用的一个体现或许就来自他自己的成功。既然他自身就携带导致暴力倾向的基因，那么为什么他依然是那个在监狱里采访罪犯的人，而不是在监狱里被其他没有携带“尚武基因”的研究人员采访的人？弄明白这一点非常重要。这位教授的命运最终并没有像其他许多拥有相同基因的人一样。为什么如此？他有什么与众不同？

要是细细思考理查德·道金斯（Richard Dawkins）在其开创性著作《自私的基因》中所陈列的观点，我们可以这么说，在法伦教授的例子当中，“尚武基因”天然所拥有的复制和存活功能基本失效，它被另一种力求存活的基因所取代。看来法伦教授的“尚武基因”还不够“自私”，当“战斗”打响时，他基因库里的“成吉思汗”结果却更像怪物史莱克。

很明显，胎儿在子宫里约 9 个月的生长发育是由一系列先天和自然驱动的生物过程控制的。在这个近乎不可思议的复杂和完美的自然进程当中，细胞一再分裂，胚胎从一个无定形的细胞团生长发育成一个清晰可辨的人类胎儿，这一切都发生在一个相对较短的时间段内。有一点必须清楚，大多数人类婴儿出生时就先天具备一些最基本的生存“工具”，但至关重要的一点是，他们又无法在没有被照看和帮助的情况下存活下来。

形成依恋

我们天生就有交际需求，但具有讽刺意味的是，我们又身处一种有点矛盾的“自私社交”(Selfishly Sociable) 状态。这里的意思是，婴儿想要并且也的确需要和照看他们的成年人互动，但又有成为其关注焦点的内在需求。许多（但不是所有）动物都具有这种生存性状。婴儿一出生既不能走也不能爬，需要完全依赖看护者。对于还正在激动不已的父母们而言，他们的新生儿似乎只会哭，这是人类最基本的一种交流方式。跟其他动物一样，人类天生拥有某些条件反射功能，还拥有一种通过唤起成年人的兴趣与之建立依恋关系而生存下来的自然属性。

条件反射

条件反射是人的天赋，人一出生就可以表现出来，尽管它们看起来像是后天才习得的行为。这些行为是无意识的，是在不知不觉或没有自主控制的情况下自然而然发生的。有些是自发的，有一些则是对他人某种行为或动作的反应。认清条件反射对于接下来探讨的内容会大有裨益，因为它能为我们描绘出一幅人类的大脑和身体如何与子宫外的世界进行最初互动的画面。我承认条件反射与后面要探讨的欺凌行为之间的联系太过纤弱，但这是孩子们开始学习与他们周围的世界发生联系的第一步，而且我们稍后就会看到，随着时间推移，条件反射有助于孩子们拼凑出一幅“他们是谁”的图画。

当触碰或抚摸婴儿的嘴角或脸颊时，就会激发宝宝的觅食反射。作为回应，宝宝会把头部转向被抚摸的一侧，而且这种转动还会伴随着嘴巴张开。大多数哺乳动物的新生宝宝都会这样做，它们也正是借由这样的反应机理开始学习进食。然而，如果不与吸吮反射相伴，觅食反射也将会无用武之地。吸吮反射能让嘴巴和舌头协调联动，即使是闭着眼睛，婴儿也总能找到他们的食物。

除了需要被喂养，婴儿还需要被贴身看护。抓握反射指的就是将手指等放进婴儿的掌心，婴儿马上就会将其紧握不放。其他的生理反射还有诸如莫罗反射，这是婴儿在受到惊吓时的反应。这种时候，婴儿的双臂伸直，手指张开，背部伸展或弯曲，头朝后仰，双腿挺直，有时还伴随啼哭。

还有一个也很有趣的反射是强直性颈部反射。它的有趣之处是，当婴儿的头转向一侧时，该侧的胳膊伸直，另一侧的胳膊弯曲，和击剑时的姿势很像。考虑到只有几周大的婴儿为了获得母乳几乎不需要具备做出推、挡和还击等动作的能力，这种反射似乎只与手眼协调能力的发育相关联。

新生儿众多的“保留剧目”当中还有一些明显地具备某种功能性，迈步反射就是其中之一。当扶着新生儿两肋，把他的脚放在平面上，我们会惊讶地发现孩子会抬脚，像要迈步似的。这些动作是肌肉发育的前兆，也是以后开始行走时所需要的协调能力的先导。还有一些其他种类的条件反射对于避免噎、呛和窒息非常重要。这里要表明的一个关键点是，尽管看上去很脆弱，但其实人类的新生儿已经先天具备对生存、协调和未来发育至关重要的几类条件反射机能。

这些反射机能中的大多数在婴儿出生后的头6个月内就会逐渐消失，但在婴儿的“工具箱”里还存有一件“宝物”，它能唤起周围成年人的反应。这种反应既不是反射也不是后天习得的行为，这就是所谓的“可爱反应”。小宝宝们的眼睛相对于其脸部的其他部分要显得稍大一些，鼻子则又扁又小，像个可爱的小纽扣（而且明显是有两个针眼洞的纽扣），小嘴有时会做吮吸的动作，人们一看到，内心就会开始软化。婴儿的这些“武器”能促使身旁的成人做出一种“养育反应”，以确保他们会被抱起、得到照顾，从而也就在某种程度上确保他们能得以生存。

然而，即使新生儿先天拥有上述种种基本技能和进化工具，但他们能否从养育者身上寻获所需的“养育反应”这件事情也是无法保证的。这一简单而有力的陈述对于理解接下来几页的内容至关重要。婴儿具备一系列条件反射的能力只是增加了他们可能会得到照顾的机会，但到底能否得到及时、恰当的响应，得到存活下来所需要的各种照料则完全取决于他们身边的成年人。

与成年人建立起联系

“依恋”一词在本书当中特指新生儿与成年人之间建构的某些特定关系。有人称其为“亲情绑定”或“关系联结”——在嗷嗷待哺的婴孩和养育他们的父母之间，一种强有力的人际关系得以建立和形成。在较短的一段时间内，孩子和父母之间的共生、共栖关系造就了一种社会结构，以确保孩子的各类基本需求能够得到满足。依恋理论主张，一个身心健康、社会关系健全的孩子要得以养成，那么建立依恋关系就是一个必不可少的阶段。当成年的抚养者和弱小的婴儿之间构建起相互依存和相互信赖的关系后，双方都会从这份关系中获益。这种亲情绑定或关系联结现象在其他许多物种中也可以观察到，相关的一些研究值得了解，这将有助于我们能更好地理解“依恋”形成的深层原因。通过理解这一点，当我们在审视孩子们在以后的生活当中如何形成并把握适当的社会和情感技能时，能更好地将“依恋”的基本作用置于本书所展开的其他情境之中。

1935 年，康拉德·劳伦兹（Konrad Lorenz）首次发布了依恋研究结果，他注意到新孵出的幼鹅有形成依恋关系的基本需求。正如许多人都知道的，刚出壳的小鸭子和小鹅似乎天生就具备一种求生本能，要紧随其母。劳伦兹发现，在孵化后的 12~16 小时之间存在一个关键期，“印刻效应”会在这期间发生。如果在此期间一只刚出壳不久的幼鹅没能实现“联结”，它与母鹅妈妈的依恋关系就会永久性失去。正如我们在各种视频中也能看到的那样，刚出壳不久的小鹅会在这一特殊的敏感期紧紧跟随它们所能遇到的几乎任何东西。劳伦兹揭示的现象清楚表明，依恋关系并非仅仅只是人类新生儿的一种必需品。

20 世纪 60 年代早期，在英国格拉斯哥市开展的一项对婴儿的研究工作表明，人类新生儿与养育者之间依恋关系的形成过程似乎存在一系列的阶段。该研究发现，在 60 名被调查的婴儿当中，有一部分在 3~5 个月之间与母亲形成了依恋关系，有一部分在其出生的第一个月内就与某个人形成了强烈的依恋关系，而且这一依恋关系形成后，婴儿就开始依恋其他更多的成年人。当孩子长到 18 个月大的时候，他们已经与 5 个或更多的人形成强烈的依恋关系，而那些在出生后的头几个月里没能与看护者形成强烈依恋关系的婴儿与看护者的关系会更加脆弱。该研究据此推断，人类依恋关系的构建要经历 3 个差异明显的阶段。

阶段	年龄	主要特征
无选择性	0~6 周	宝宝开始表现出一些最基本的沟通能力，会通过哭泣和微笑来表达其基本需求是否已经得到满足，但这样的表达并不针对任何特定的个人发出。这表明，该年龄段的依恋寻求没有选择性。任何能够满足其温暖、进食和无痛等基本需求的人都可以依恋。
无专属性	6 周 ~7 个月	虽然依旧乐意寻求和接受来自任何人的关注，但当关注来自一张熟悉的面孔时，孩子则会表现出更热烈的反应。
有专属性	7~11 个月	孩子现在已经形成对主要看护者的偏好，如果与之分离，会表现出不悦、难过和痛苦的样子。在这一阶段，孩子见到陌生人会开始表现出不安，即开始“认生”。

源自：谢弗和爱默生（Schaffer and Emerson），1964

从这项研究中我们可以看出，动物依恋关系的出现和人类依恋关系的形成有明显的相似之处。两项研究都表明，在各自新生宝宝的早期生活中，某些现象的出现或形成似乎都存在一个关键期。不过，格拉斯哥市研究项目当中某些结论的准确性还需要我们仔细推敲，因为这项研究还存在几个实验设计问题。首要的一点是，该项研究中的很多数据都由孩子的母亲收集，她们被要求写日记。这就意味着这些信息是主观形成的。可以想象，在如此长的一段时间里，那些手忙脚乱、疲惫不堪的母亲可能很难持续保证翔实、准确地记录。其次，该研究只选择了很小一部分人群作为研究样本，因此也就不可能断言任何情况下人皆如此。由上面表格中的内容可知，人类出生后的第一年，一份依恋关系的形成并非情感发展的直接跨越。

这项研究的时间跨度贯穿了整个 20 世纪 60 年代，这一点也许要归功于著名的依恋理论研究者约翰·鲍尔比（John Bowlby）。鲍尔比与玛丽·安斯沃思（Mary Ainsworth）共同为这一研究领域在未来的拓展奠定了基础。从本书的角度看，他们的研究发现非常重要，因为两者都向我们展示了孩子如何学会社交以及如何开始与他人建立关系。他们的研究结论还提供了一些指标，让我们能得以了解成长中的婴儿在哪些方面可能会出问题，更重要的是，让我们知道该如何着手解决其中的一些问题。这里需要指明的一点是，我并不认为所有在依恋关系方面存在问题的婴孩长大后都会欺负他人，或者说，我不认为在所有喜欢恃强凌弱者的身上都存有依恋关系方面的问题。依恋关系问题和社交能力问题之间很明显存在或多或少的联系，但依恋关系问题与欺凌行为的联系更为复杂，我们在第四章中还会探讨这个问题。然而，毋庸讳言，20 世纪 60 年代所开展的这项研究是一个十分有益的开端。

20 世纪 50 年代末，鲍尔比开始进行研究并建树他的理论。其中，我最感兴趣的部分就是他对“内在运作模式理论”的研究。这关乎一个孩子对自己是谁以及如何调适自己以融入周围社会环境等问题的内化理解。与该研究领域的许多理论工作者一样，鲍尔比也认为，孩子先天并不具备仇恨的能力，但却天生拥有爱和被爱的天赋才能。他们生来就对自己所来到的这个世界一无所知。因此，鲍尔比认为，儿童对世界的认识由他们能得到什么样的照顾以及会体验到什么样的经历塑造形成。有一点我们必须清楚，鲍尔比在该领域的研究工作比法伦教授早了 40 年。法伦那些关于“尚武基因”的研究结论，如果放在当时，很有可能会被看作是美国科幻电影里的情节。鲍尔比的兴趣和关注点在于：一些孩子的生活到底出了什么问题，以及在其被养育过程中的那些失败点或缺失点随着时间的推移又会对孩子产生什么样的影响。

依恋理论的探索研究异常艰辛，在我们开始深入这个“迷宫”般的领域之前，我想先稳住神，花上一两分钟，以助你能更好地理解本书的这一部分内容并将其与本书的上下文紧密结合在一起。的确，本书当中可能还会有其他某些内容会让你觉得相当敏感。欺凌行为本来就是一个饱含情绪的话题。这类问题非常个性化，有时会让人觉得难以承受，特别是当你想起你曾经以这样或那样的方式卷入其中的时候。养育子女的话题大概也是一样，它们往往都是一个人饱含情感的个性化经历，纵有一些不堪回首的感觉也实属自然。如果读本书时你的儿子或女儿身上已经显现与欺凌行为相关的困难和问题，那么，关于负罪感的角色和功能我想再表述得清楚一些。

无论怎么说，我都没有想用这一部分内容来突出强调你在育儿方面存在过错的意图。我不希望你读完这部分内容之后，认为自己在为人父母方面做得有多么糟糕。我不想责备任何人，而且也不应该有人被责备。养育子女本身就是一件异常艰难的事情，经常会有一大堆的难题需要我们一一去应对。

为人父母的艰辛与种种考验

养育子女需要做好哪些准备，我们常常倾向于征得家人和朋友的建议，因为他们就身处我们的“微观系统”中。当然，也有不少新任父母更乐于求助书本。如今，更常见的做法是求助互联网。从怎样喂养到怎样让孩子安睡，从病了怎么办到怎样逗孩子玩，面对各种各样的问题，新任父母总能从互联网上搜得相关的信息和建议。然后，他们就要绞尽脑汁去判断哪些说法或做法会更管用。然而，一些重要的因素却可能会被误判并引发不良后果。父母自身的某些问题会使他们在养育自己的孩子时异常艰难，最常见的就是父母自己的疾病问题，不管是身体上的还是心理上的。此外，工作与生活的平衡能力、受教育程度以及家庭消费水平等问题都会影响一个成年人按照他所希望的那样照顾好自己的孩子。

正如第一章中提到的，社会对孩子的要求以及孩子对父母的期待在不断演化，而且并非总是在以一种有益的方式进行。这并不是在找借口，生活现实就是这样。如今，养育子女的复杂性似乎要远超我们的前辈们曾经面对的。很重要的一点是，新任父母要学会寻求帮助和支持来化解可能遇到的难题。有些人会发现养育子女简直就是一段不可能独自完成的人生旅程。还有许多新任父母则不得不硬着头皮学习育儿知识，面对一年又一年且年年不同的那些独特障碍和挑战，努力改善自己的养育技能，努力提升自己在到底该如何为人父母方面的认知和理解水平。

为了养育好自己的子女，许多人可能会感到精疲力竭。所以，在阅读和消化关于依恋研究这部分的内容时，请不要责怪自己，也不要责怪其他父母；请不要试着证实到底在什么地方出了问题，即使是真有什么不对劲儿的话。本节将探讨孩子早期的依恋关系与其以后对欺凌行为的偏好之间可能存在的某些联系。这里的预设前提是，欺凌行为是个体融入社会的一种实现形式，尽管并不令人愉快，但它的确又是一条一个（或多个）个体寻求与他人互动的实现途径。在提及欺凌行为时，人们经常会将其视作一种“观赏性运动”，关于这一点，我们在本书中还会提到。

“调谐”到宝宝的“频道”

“内在运作模式”指的是婴儿与其照料者之间的那种尚无言语交

流的关系。在尚无言语交流的这段时间里，孩子与照料者双方通过互动慢慢开始相互增进理解。这不是双方“商讨”出的一种结果，而是一种心领神会式的相互理解。当孩子的“诉求”和照料者的“回应”彼此契合并能反复再现最终达成常态，就达到了“谐和”的状态。通过多种“手法”，婴儿会将自己的发射频率“调谐”至照料者的响应区间，反过来，成年照料者也会不断进行自我“调谐”以便能更好地接收到孩子发出的需求信号并及时做出回应。这很像两个业余无线电爱好者在通过电波力求连接通话：

为平等起见，可以把下文中的“妈妈”替换成“爸爸”。

“喂！喂！妈妈！妈妈！甜心宝宝在呼叫。收到请回答。”

（停顿）

“（加大信号）我说喂喂！妈妈妈妈！你的甜心宝宝在呼叫。收到请回答！！”

（停顿）

“（再次加大信号）喂喂喂！我说妈妈妈妈……”

“喂喂收到！甜心宝宝。我是妈妈，你的信号又响亮又清晰！”

“嗨，妈妈。我的尿布该换了！我又饿了！”

“好的，好的。收到，明白！宝宝乖，我抽几张湿纸巾马上就来！”

……诸如此类……

随着时间的推移，在照料者和婴儿之间，前者慢慢开始能够理解孩子的诉求和愿望，而后者也能开始学会成人将如何回应他们的哭叫、轻哼和扭来扭去。这就达到了所谓的“谐和”状态。

在我的大儿子丹尼尔（Daniel）差不多 18 个月大时，我们常常会在周六的下午带他去一处幼儿乐园。有一次，我们在那里和几个朋友相遇，他们的孩子和我们的都差不多大。于是，当我们那些可爱的小神兽们在房间里跑来跑去尽情玩耍时，我们几个大人便怡然自得地坐在一旁喝茶，趁机歇一下。不一会儿，乐园里一下子来了很多孩子，屋子里满是喧闹声，我妻子黛博拉（Deborah）和她的朋友讨论着一个关于世界危机的话题。就在一片嘈杂的抱怨和吵闹声中，“谐和”之事得到了一次很好的展示。

她们原本讨论得很激烈，其他 30 多个孩子还正在玩“探索世界”的游戏，屋内人声鼎沸，但就在那样一片嘈杂声中，黛博拉仍能觉察出那个于她而言非常熟悉的孩子的哭泣声。黛博拉赶紧过去，发现丹正在一座城堡玩具前抽噎。很显然，丹抢走了另一个男孩的玩具剑，那个孩子不高兴了，对丹的行为给予了还击，这下轮到丹高兴不起来了。此前一刻的黛博拉还在慷慨陈词，但她还是能透过重重嘈杂声“收听”到孩子伤心的哭声。这样的“谐和”正是我们所说的内在运作模式的一个重要组成部分。很多父母都说，用不了多久他们就能分辨出宝宝的两种哭声，一种是“我累了”之类的，另外一种则是宝宝要吃东西或是哪里不舒服了。然而，婴儿与其照料者之间需要建立的这种“谐和”状态却经常容易被忽视。

当依恋关系的建构出现问题

一种内在运作模式的建构和形成对于婴儿早期的成长和发育非常重要，因为它是孩子们若干初始认知的重要源头之一，包括这个世界将会如何与他们互动，以及他们又能如何对自己所看到、感觉到和听到的事物施加影响。婴儿早期的思维方式和他们长到四五岁之后的思维方式会很不一样，弄清楚这一点，关系重大。在婴儿期，他们的所谓“思考”更多的只是一些对围绕在其身边的人和事的“直接联想”。他们将学会把某些声音、面孔、气味、味道和触觉与自己正在经历的事情关联起来。对众多的新生儿而言，父母能一下子为其提供两种最基本的需求——温暖和食物。一步到位，而且还是“双赢”，孩子们大概都会这样“理解”。当然，有些母亲无法或不愿选择母乳喂养，为公平起见，我得说，怀抱着孩子用奶瓶喂养也会达到同样的效果。

然而，鲍尔比指出，当孩子的需求不能得到满足时，内在运作模式同样也在有效运作。在这种情况下，孩子就会“明白”他想要的安慰、食物、温暖和安全在哪种情况下无法获得。他们将学会把行动与需要“关联”起来。用简单的行为学术语来说，哭泣和求得关注之间以及刺激和反应之间有着很强的关联性。如果哭闹不能让婴儿得到所想要的关注，他就会停止通过哭闹来表达他所需的这种“交流”。就像行为学理论当中诸多其他的范例一样，这是一个自动过程，几乎可以说不牵涉“思考”，只是纯粹的一个“联想学习”，即通过关联来获取认知的过程而已。

强化模式

行为学着眼于行为与反应之间，也就是刺激与响应之间（或者说作用与反作用之间）的关联性。它探索的是人的行为方式以及在得到响应后该方式又将如何变化。记得很小的时候，我很快就“学会”了不要把东西戳进墙上那个挺有趣的带有 3 个孔的白色方块里（反正在英国那东西的确是有 3 个孔）。这个简单的动作从来不会让我有好果子吃，我“学”到了一条很简单的规则：戳一下 =“哎哟！”而且“哎哟！”的后面还常紧跟着另一种反应，于是，全部的结果就变成了戳一下 =“哎哟！”=（紧接着的）大喊大叫！的确，对一个正在“学着”长大的孩子来说，这一幕简直令人称奇：上面那两个等号前后的 3 件事怎么会那么快就组合到了一起，几乎就是一瞬间的事儿！“作用与反作用”怎样才能相互关联到一起？这就是一个范例。瞬时关联是最有效的一种关联形式。当我一做“这个”，“那个”就会立即出现，而且每次都这样。这里，很重要的一点就是“每次都这样”。

如果并非“每次都这样”呢？为了说明这种情形，我们来了解一下行为学者提出的 3 种强化刺激的模式。这些强化模式与鲍尔比的内在运作模式理论有一定的关联性，值得探究一番。婴儿在微笑、哭闹和做出某些动作时所经历的某种强化类型的频率会告诉他们，做出的这些行为在获得需要或想要的东西方面能有多奏效。

总体而言，婴儿哭闹就是为了能引起注意，得到关爱。他们用这种方式“告诉”照料者：“我需要什么，快把它给我！”阅读接下来的几段文字，你就会知道他们是如何学习与其周围的世界打交道的。

总在强化

如果宝宝一哭就能立马得到食物、温暖或是安全舒适感，那么他们就会渐渐明白，制造噪声能得到一种颇为积极的体验。然后，这一过程就会演化为一种直接关联，恰如我自己用金属棍棒探索那些孔就会引发疼痛一样。这是一个人学习长大的最快方法。用简单的公式表示出来就是 X = Y。

从不强化

如果宝宝的哭闹每次都被忽视，那他们很快也会明白，哭闹并不能改变什么。然后，十有八九，婴儿将不再把哭闹作为一种与人交流的方式。虽然这对那些往往已然疲惫不堪的父母来说像是赢得了某种胜利，但对婴儿而言，他其实正在“学习着”不要把自己想得到的舒适感和幸福感与身边的外部世界进行关联。因为即使让外部世界知道自己痛了、冷了、饿了，也不能对自己有所帮助。

有时强化

这种强化形式会使得孩子们搞不清什么时候哭管用，什么时候又不管用以及其中的原因是什么。只有当孩子慢慢长大，发育出更高级的思维能力，他们才会将自身的行为与照料者所采取的这种“有时强化”的照料方式关联起来。例如，到了两三岁，孩子们会在某一时刻“学”到，在晚上睡觉前哭喊不会像在白天哭喊那样引起同样的反应。到了此时，孩子们才会开始把父母对其注意力的减少与夜晚这样的时间段关联起来。因此，孩子在睡前会减少闹腾——当然，除非父母就什么时候他们可以和孩子一起睡而什么时候又不能的问题向孩子发出过模棱两可的信号。模棱两可就是有机可乘，孩子们当然愿意选择得到父母关注和晚间陪伴这样的选项，这种情形有时甚至会一直持续到孩子满 10 岁之前。

鲍尔比指出，最重要的一些关联会在出生后到 2 岁之间形成。如果宝宝的诸多努力只能赢得些许随机奖励（食物、拥抱和安全感），那么他们就会在情感上与照料者产生比较模糊的依恋关系。鲍尔比认为，从孩子出生后到 2 岁时，3 种大体的依恋情况得以形成。孩子要么在他们的依恋关系当中变得无忧无虑，要么对依恋关系开始产生抵触但还在试图找寻它，要么则开始从已有的依恋关系中抽身，并力图完全避开它。

从鲍尔比的研究中我们可以看出，新生儿在最初几年与其主要照料者之间的关系，会对他们今后如何与他人建立联系产生重要的、长期的影响。如果孩子在最初的几年中得到了足够的关照，获取了所需的安全感，那么未来在离开父母之后他们就会更倾向于与他人构建属于他自己的安全关系。然而，如果最初依恋关系的建构出现了问题，那么他们在未来就会缺乏应有的踏实感，在如何建立和维持积极的人际交往以及建构其他依恋关系方面就会一直忐忑不安。

为了进一步突出强调这种“初始关联”，鲍尔比还重点研究了被安置在青少年矫正中心的 44 名孩子的情况。他观察的那些孩子当时都因偷窃而被还押候审。通过调查这些犯罪少年的背景，鲍尔比发现，其中超过一半的人在其生命早期曾与母亲分居长达 6 个月或更久一些的时间。他还发现，他们当中有近三分之一的人表现出无法向他人展示任何关爱或共情的迹象。对此，鲍尔比的结论是，他们身上所表现出的侵害性以及缺乏同理心乃是他们在关键的婴幼期缺乏母亲关注的结果。能做出这样的论断非常了不起，但我们在吸纳的时候还需要小心一点。这是一项非常诱人但又带有一定迷惑性的研究，我们必须明白它所具有的某些局限性。

关于依恋关系的几个结论

为什么有些孩子会欺负别人而另外一些孩子却不这样做？这一问题可能与儿童成长发育的诸多方面都有关联。但在探索其他领域之前，我们需要先审视一下上述研究工作，并了解一些批评意见。反对鲍尔比结论的若干重大论据之一由迈克尔·拉特（Michael Rutter）提出，他本人也是一位非常杰出的研究型学者。他在 1972 年首次出版的《母爱剥夺再评估》一书中，回顾了若干与鲍尔比的研究结论相关联的问题。对于母爱缺失会导致孩子感情冷漠这一观点，他认为鲍尔比的主要问题也许在于只关注了孩子何时在其依恋关系的构建上遇到了困难，而从未考虑假如孩子根本就没与他人建立联系的情况下会是什么样。拉特认为，鲍尔比忽略了在拥有后失去和从一开始就没能拥有这两者之间的区别。拉特把根本没能从任何照料者那里获得关爱和情感这样的情形称为“匮乏”。这种“匮乏”会使得孩子在内心创造出一个既绝望又排斥的内在运作模式，这反过来又会导致易怒和对于积极型社会体验的逃避。这种自我与他人两者之间的交互作用和相互影响，我们在稍后探讨“贝塔里盒子理论”（Betari Box Model of Interactions）的内容时将会谈到。

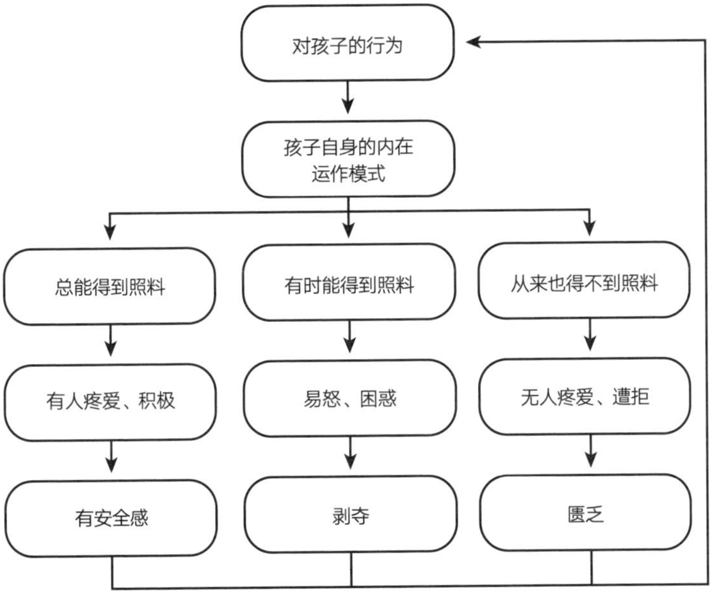

最初的照料者

拉特对“匮乏”现象进行了研究，他发现那些在出生后头几年里从未得到过疼爱和少有人关注的孩子通常都会很黏人，容易焦虑，并且通常还会发展出强烈寻求关注的种种行为。他还发现，随着孩子渐渐长大，他们在维持友谊方面会变得越来越力不从心，而且常常会破坏规矩。他的研究表明，经历过“匮乏”的孩子长大后往往会变得不爱交际甚至反社会，容易患上“无情型人格障碍”。鲍尔比很早就开始使用这一专有名词，这一称谓很情绪化，专指那些几乎不关心他人、鲜有同理心、对于伤害他人好像满不在乎的孩子。拉特还指出，在这些孩子当中，有些在其成长发育的其他方面也会存在问题，包括智力障碍、语言能力差等，某些情况下，还会出现身体发育不良。

拉特关于“匮乏”的研究对本书的成稿很有帮助。首要的一点，尽管在专业术语的运用上有所不同，但在若干重要主题的趋势性方面拉特的研究结论其实并无二致。很明显，拉特的研究也认为早期积极型关系的构建是关键，尽管他并不认同孩子与母亲依恋关系的失败是唯一的关键因素。事实上，他认为那只是重要因素之一，还有其他一些因素同样需要重视，包括孩子所拥有的“社会经验”的质量以及他们所能得到的“智力刺激”的水平。拉特在这里强调，在审视早期依恋关系的建构以及后期社交能力的形成时，孩子所处的外界环境一直是一个缺失掉的关键因素。

前述两项研究都清楚地表明，儿童早期经历何种依恋关系会为其日后怎样理解人际关系的形成和如何维持人际关系搭建出一个模板。这一点很重要，因为对于许多孩子来说，建立关系似乎并不存在什么困难，而如何维持这些关系往往才是最困难的事情。保持友谊并非易事，经常需要随着时间的推移做出一些社交上和情感上的调整。两个人在情感需求上的共生及其有效沟通的达至，会使得彼此都在这份关系中占有同等的权重。这当中，给予和接受两种元素达至一种自然的结合，对双方而言，才是双赢。

情感能力的发育

人类生来就具有一些程度的感受情感的能力。虽然有一些关于精神障碍方面的研究着眼的是孩子的冷漠无情（这种现象的确存在，这些研究也都很有趣），但在这里我们还是要将注意力集中在那些必须称之为是“正常”的成长发育方面。我们在前面提到了“无情型人格障碍”，这一点暂时按下不讲，我们先看看大多数儿童的情感发展延续的是一个什么样的路径。

情感是人生必不可少的一部分，但感情冷漠或情绪过度又都会带来问题。我们首先了解一下情感发育都有哪些预期路径，以及在孩子们成长的约头 10 年当中他们的情感发育过程如何一步步展现，然后再来看看在哪些地方情商的发育走向有可能误入歧途。正如我们在第四章里将会看到的那样，欺凌行为会给作恶者、受害者、经常还包括欺凌行为的目击者造成诸多层面上的情感反应。几乎从每个层面上看，欺凌行为都是一种非常情绪化的人生体验。对于很多欺负别人的孩子来说，这往往也正是他们所希望得到的那种情感反应。

从神经学的角度来看，大脑中涉及情绪处理的部分位于脑部的正中央，被称为“边缘系统”。要理解人类的行为（实际上还有许多动物的行为），首先就得弄明白负责处理情感的这部分脑功能。边缘系统结构复杂，由若干不同的部分组成，每一部分都有自己的“工作”要做，它们相互离散，但又彼此互补。在探究欺凌行为与精神压力和情绪激发之间的关系时，它们变得十分重要。

边缘系统主要包括杏仁核、海马体、丘脑、下丘脑、基底神经节和扣带回。为了简明扼要，我们将重点关注一下杏仁核、海马体、丘脑和下丘脑。

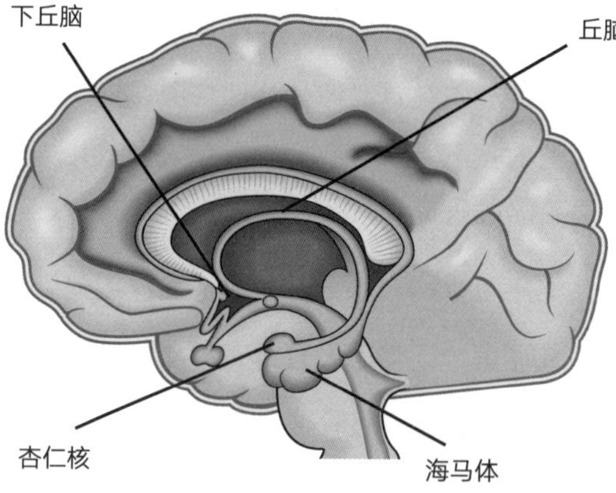

杏仁核是大脑的情绪中心，负责识别情绪和调节情绪。海马体的特殊功能是根据我们的经历形成新的记忆。丘脑和下丘脑与情绪反应

的变化有关。这4个基本部件帮助我们记住看到的事物，并做出反应。然而，这些反应并不绝对可靠，有时我们需要根据当下的需要做出理性的决定，而这种理性抉择并不在我们的习惯范围之内。有时我们必须搁置自己的情绪反应，迅速做出一个重要的决定。

额叶是大脑中的“兽性情绪”的驯兽者，其作用是调节感觉和行为，防止边缘系统失控，做出糟糕的情绪化决策。如果管理得当，经常锻炼，这些负责监控和调节的执行功能就可以抑制我们一些更为冲动的感觉以及更带攻击性的欲求。简言之，似乎可以这么说，做出欺负他人的决定和身处欺凌情况下所做的任何其他选择都可以归结为是大脑的功能。不过，事情很少可以如此简化。本书真正要探究的是，到底是什么东西会让一个人想要欺负别人，而在那些没有伤害欲望的人身上到底又有哪些不同。欺凌他人的需要看上去似乎起自大脑所做出的某种决定，但环境影响则可能是最初产生这种需要的首要因素。

正如我们已经了解到的，一个蹒跚学步的孩子对外部世界的最初理解与依恋关系的建立密切相关，而对外部世界的理解也会影响孩子对周遭事物的情绪反应。如果一个孩子在其婴幼儿时期能对食物、温暖和免于疼痛的需求定期得到满足，那他可能就会得出“这个世界很安全”的认知。这里所说的满足并非指孩子能得到他所想要的一切，但总体而言，那些必不可少的东西都不会缺失。有了这样的认知基础，孩子便开始对其周围的成年人产生信赖感，并开始慢慢认识到安全和舒适这样的东西可以在他们相遇的越来越多的人身上找到。有研究表明，在其人生的头几年里与父母形成牢固的积极型人际关系的孩子更有可能愿意信任老师以及学校里的其他成年人。

相反，如果一个孩子与父母之间没能建立良好的依恋关系，那么他在成长过程中就要饱受心神不定和安全感总体性缺失的影响。此种情形之下，孩子很可能会慢慢认识到，不能总是将满足基本需求的希望寄托在某些人身上，他们并不可完全信赖。特别是在孩子与不熟悉的成年人打交道或身处一个新的环境中时，这样的念头尤甚。他们对危险特别敏感，遇事极易紧张和焦虑，就像那些身处险境的士兵，总是异常警觉。这种紧张和焦虑会开启边缘系统的自卫模式，并导致他们做出一些与欺凌相关的反应性行为。孩子天性中本有的这些反应性成分随后又会影响他们与其所处的外在环境进行良性互动。更重要的是，这些反应性成分又有可能使孩子对外在环境如何回应他们变得更敏感。

如果一个孩子在校园里有安全感而且认为自己是学校这个外在环境的一部分，那么无论其入校初始时的表现如何，都会有一种被喜欢和被接受的内在需求。然而，能否慢慢开始信任这个外在环境以及能否与他人相处时有安全感，则取决于他们个人早期经历的好坏。那些早期已经得出“这个世界很安全”认知的孩子将会在这里学会信任他人，会倾向于更多地参与校园活动，也会更乐于接受变化和新的体验。从本质上说，他们可能更爱冒险，更善于交际。而那些很难信任他人的孩子对这个新的外在环境则更容易做出反应性的行为，情感上和生理上都如此。当觉得受到威胁时，他们往往会倾向于挑战他人或哭闹一场。

要是你以前从未在幼儿园见识过圣诞老人到来时的场景，你可能会以为所有的孩子都会异常激动，都会兴高采烈地迎接这个圣诞胖老头。但很可惜，事实并不会那样。这时候小家伙们通常会有 3 种不同的表现：有表现得非常兴奋的，还有那些觉得困惑而又温顺安静的，还有一伙已经被吓得哆哆嗦嗦，眼泪汪汪地躲藏在老师们的身后了。尽管圣诞老人很和善，快乐吉祥的名声也早已传遍天下，但在那些很难在所处的外在环境中寻找到安慰的孩子们眼中，他的到来可能是一种威胁。

进入小学后，孩子们的智力发育水平逐渐提升，情商和社交能力也会日渐提升。智商、情商和社交能力相互关联，但后两者的关联尤其紧密。社交能力和情感发育之间的关系可以通过“贝塔里盒子理论”来解释。

表示相互作用的“贝塔里盒子理论”

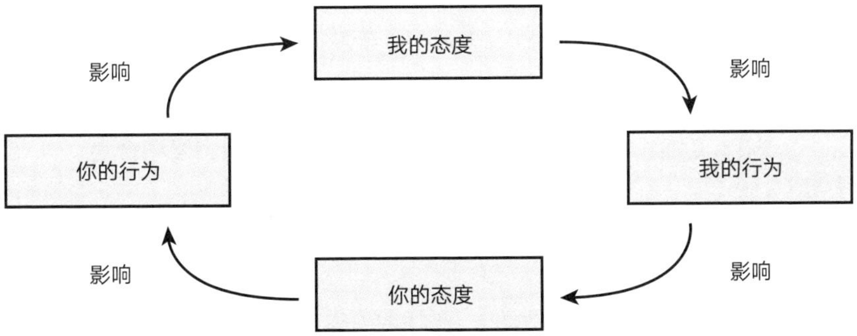

这一理论告诉我们：当两个人相互交流时，双方是如何审视彼此并从而借鉴、吸纳对方的行为和态度的。一个人的所做会影响另一个人的所为，而这个反应性的所为又会影响第一个人接下来的所做，如此反复。一圈又一圈地，就仿佛两人跳起了一曲欢快的（当然也并不总是）交际舞。我们以校园为假设背景，来看一个简单的例子。

男孩甲："我可以和你一起玩吗？"

男孩乙："哦，可以，来吧。我正要去踢足球。你喜欢踢足球吗？"

男孩甲："啊，太棒了！我喜欢踢足球。踢足球最棒！"

男孩乙："太好了！你愿意守门吗？"

男孩甲："我更愿意当个前锋，就像哈里·凯恩那样。"

男孩乙："没问题。我也喜欢踢前锋，那我俩轮流守门好吗？"

男孩甲："好的。我先来守门吧。"

从这段对话中可以看出，男孩乙的态度很大程度上决定了这场对话的气氛。他开放、友好，给了男孩甲在对话中的平等地位，并有信心提出解决方案供两人商讨。事实上，男孩甲的情绪和态度也影响了男孩乙。

现在，在相同的情境中，我们改变一下男孩乙的态度和行为。

男孩甲："我可以和你一起玩吗？"

男孩乙："哦，那可不行！我们要去踢足球，你对足球简直一窍不通。”

男孩甲：“你胡说！哼，反正我妈妈说了不要跟你一起玩，因为你们家的人不好。”

男孩乙：“哈，我妈妈也说了你们家穷得叮当响，都没东西吃。”

男孩甲：“不是那样！至少我爸爸还有一份工作，而且不管怎样……”

正如我们看到的，男孩乙起初拒绝男孩甲的行为率先引发了男孩甲的复杂的情绪反应，然后，彼此的情绪反应开始相互投射，于是，每个人都因为对方此前的话语而变得越发激动。

情商

情商（情绪智力）关乎情感认知的成长和发育问题。孩子在长大过程中会开始学做一个有情有义的人，也会开始拥有关乎情感的各项基本功能。人的情商的高低与两个方面的成长发育状况有关：一是对自己情绪的认知，二是对他人情绪的理解。这两个方面随后便构成了我们所有情绪反应的基础。最初，孩子在婴幼儿时期会将各种情绪反应划分为两个最基本的类别：好的和坏的。此后，他们便开始慢慢学会以更加复杂和精细微妙的方式来理解、把握和描述自己的各类感受。

情商良好的孩子还能慢慢学会理解并运用贝塔里盒子理论中所描述的那些元素，并能调整和适应与之相关的情绪反应。毕竟，如果一方无礼但另一方却报之以微笑，笑的人其实已经赢了，因为他已经把自己从一场对任何一方都不会有好处的情绪化的讨论中拯救了出来。正如我们一次又一次看到的那样，孩子们能以各种方式逐渐学会应对各类社交场合，处置好那些令人气愤和遭人排斥的感觉。正如一个在友善、平和的环境中成长的孩子会以一种更加积极且更易为人所接受的方式来处理社交问题一样，一个在冲突和暴力氛围中成长的孩子也会有样学样，很可能会使用带有侵害性的手段和方式来处置他们所遭遇的困境。

攻击性人格的习得

20世纪60年代，著名心理学家阿尔伯特·班杜拉展开了一系列调查，以探究孩子们对其身边人的所作所为的回应方式。这项研究也被称为“波波玩偶实验”。“波波玩偶”实际上是一个大气球，大小与儿童的体量相当，可充气，很结实。它的最上部画着一张脸，底部加有配重，类似不倒翁。当击打、推搡、踢踹这些波波玩偶时，它们会先晃悠一阵，然后又自己调整立正。

这一实验将孩子分成3组。第1组的孩子会目睹一个成年人在游戏室对波波玩偶拳打脚踢。第2组孩子看到的情形是大人在玩各种玩具，玩得还很开心，并完全忽略旁边波波玩偶的存在。而在第3个实验对照组，孩子们则没有看到任何情形。

之后，孩子们被逐个带到另外一间游戏室，那里已经摆放好各式各样的玩具，但是没有放置波波玩偶。被领进来的孩子本以为可以痛痛快快地玩一会儿，因为那些玩具都太棒了，然而，刚开始动手，就有一个成年人告诉他不能碰这些东西，因为它们都是些“特别重要的玩具”，是为其他孩子准备的……（没错，我知道你们此时的心思：那个年代的心理学家怎么这么残忍，对不对？因为那时他们的实验计划所受到的道德限制跟现在相比要少得多。）

再然后，已经满脸不高兴的孩子会被带到那个放置有波波玩偶的玩具室，并受到观察。班杜拉和他的研究小组发现，那些事先见识过攻击性行为的孩子比那些不曾目睹波波玩偶被施以拳脚的孩子更喜欢对波波玩偶发起攻击，以发泄他们不被允许玩那些玩具的愤懑情绪。

和其他所有已经建构的心理学模式一样，班杜拉的研究结果一经推出便受到了质疑和批评，而且，由于人们对学术研究的道德考量日渐深入，班杜拉的研究工作今天已不可能再行复制。这类实验观察所存在的主要问题之一就是它们是在一个孩子并不熟悉的“临床环境”中进行的，此外，孩子们也并不认识那些发起模拟攻击的成年人，而且摆满玩具的房间属于一种人为布置出的场景。这些都不能不让人想到，要是在家里或学校里，孩子们并不一定会这么干。尽管如此，班杜拉的研究还是表明，孩子在学习怎样和这个混乱无序且总是让人晕头转向的世界打交道的过程中，攻击性可以是一种后天才习得的情绪反应，可以被孩子们很容易地学会并加以运用。

在结束情感发育这一部分之前，我还想探究一下另外一个关于“自尊”的理论。这一理论是米歇尔·波巴（Michele Borba）的研究成果，它可以帮助我们更深入地了解情感发育如何由经历所塑造这一命题，还能帮助我们了解如何培育积极的自我意识或者积极的自尊等若干观点。如果你读过《来自星星的孩子》一书，那么你可能已经非常熟悉这个理论，但对那些还没读过这本书的人而言，则有必要简单了解一下波巴研究的若干主要方面，因为这对于更好地理解为什么孩子会选择欺负他人以及他们可能运用何种社交和情感规则会有莫大的价值。

自尊的树立

“自尊”指我们如何看待自己。不少书都把它描述为“对自身的一种总体性的喜爱”。面对镜中的那个自己我们是否喜欢，其结论又是怎样得出的，说出来颇有些复杂。因为这关乎我们从外在环境中学习的方式，以及在面对生命历程中的种种障碍和突袭时我们又是如何挨过、走过、跨过、翻过甚至是钻过来的。生活中人人都有需要解决的问题，一路上人人都在演绎各式各样的成功和失败。面对生活中出现的种种考验，我们的情绪反应不仅会影响我们如何看待自己，也会影响他人对我们的判断。

米歇尔·波巴在《自尊构建者》一书中指出了建立自尊的5个要素，她将这5个要素比喻成搭建在一起的砖块，并使用了一个图表来展示。这个模型如下图所示：

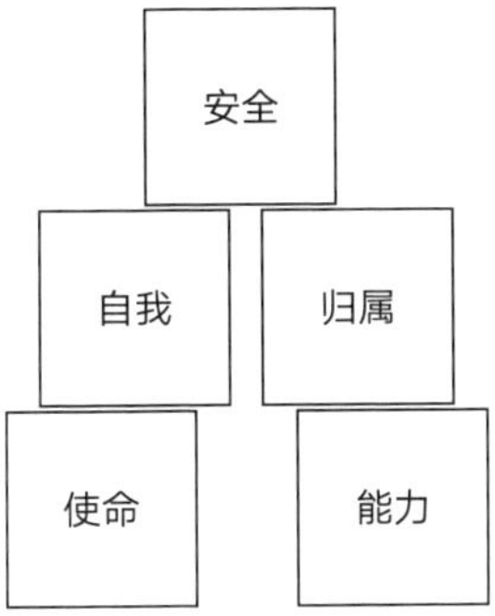

由于该模型中的其他一切因素都依赖于“是否感到安全”这个压倒一切的核心问题，所以我更愿意将波巴的模型调整一下：

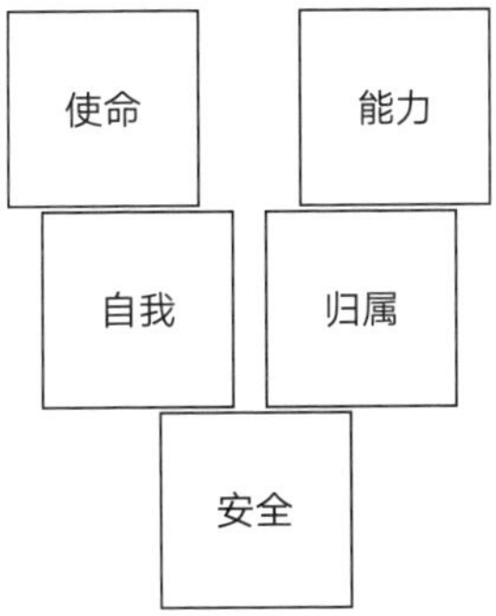

这样，一切都取决于我们是否感到安全，如果我们感到不安全，自尊的其他组成部分就会开始动摇。当然，如果这 5 个要素中的任何一个存在薄弱环节，自尊的树立都会受到消极影响。薄弱环节越多，自尊就会变得越发脆弱。在第四章我们将看到，这 5 个要素与欺凌行为之间有着很强的联系。很明显，欺人者和被欺者都在如何看待自己以及认为别人应该如何看待自己的问题上存有问题。现在我们来看看这 5 个要素。

安全

“安全”是本章的一个重要主题。如果一个人感到不安，他们要么倾向于退缩到一个角落，要么听之任之，要么转而寻求其他支持，要么则奋力走出困境。正如我们在研究依恋关系时看到的那样，长期缺乏安全感的孩子为了管控住情绪很可能会变得不爱交际并具有潜在的攻击性。

“安全”在人的所有情绪当中处于最核心的地位。当进入某个新环境时，人脑海中首先跳出来的往往就是“我安全吗？”之类的问题。这种安全感既包括身体上的安全，也包括情感上的安全。从这个角度看，我们就会发现遭到欺凌所带来的影响会非常深远。欺凌行为所打击的正是我们情感世界中最核心的地带，它挫伤的恰恰是我们那点本不可多得的自我意识。然而，仅仅因为在一个地方有了安全感并不意味着在其他地方也会如此，我们无法随身携带安全感，在第四章我们会就此展开更多的讨论。

自我

“自我”是指我们对自己的身体特征、技能以及我们在生活中扮演的角色的理解。它关乎于准确认知“我是谁”以及这种认知对我们的生活产生的影响。作为孩子，他们还在学着了解自己是谁，自己适合待在哪些地方。他们开始培育出自己在外表、能力、特质等方面的意识，并逐渐了解这些意识如何在其所处的种种社会情境中发挥作用。这种认知和理解会随着年龄增长变得越来越重要。周围的世界是怎么样的？在这个日益复杂的世界中何处是安身立命之所？这里又对自己提出了哪些要求？孩子们的认知和理解会不断积累。

归属

每个人都需要归属感。我们会问自己这样的问题：“我属于这里吗？”“归属”是指在特定环境下的一种可以成为其中的某一部分和被重视的感觉。在生活中，我们既会力求成为周围某个独立社会群体的一部分，也会力求成为更广泛的社会背景下的一分子。回顾一下布朗芬布伦纳的生态系统理论我们就可以看出，大多数人都从属于各种各样、或大或小的社会群体。在“微观系统”中，我们有自己的家庭、学校以及同伴。然而，即使我们只探究一下学校这个环境，也会发现，仅仅在这一个地方，一个小学生也可以从属于各种不同的亚群体。这些亚群体可能包括：

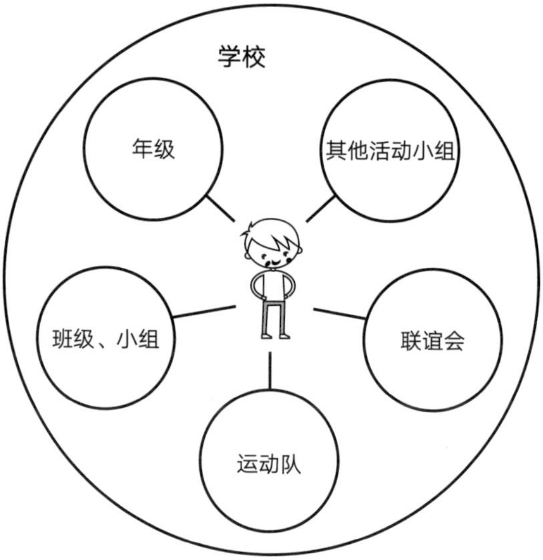

除了上述以校园生活为中心的各种群体，学生们在校外也可能从属于不同的联谊团体，如青少年俱乐部、非校内体育俱乐部等，而在各自的大家庭中也会与各成员间有各种联系。这里很重要的一点是，每一个社会群体都会迫使其中的个体评估自己与群体之间的关系，而在这当中，学生们可能会拥有迥然不同的价值判断和个人体验。在不同的组织当中，孩子的重要性以及该组织环境对孩子所产生的影响等都可能会有所不同。每个群体都可能需要成员具备某些特定的知识和社交能力，各成员间也会有对抗和交锋，最终会演化成群体对孩子提出了不同的要求。一个孩子可能在学校运动队中属于出类拔萃的人物，在更衣室里是同伴们的焦点，但却会在教室里抬不起头来，因为在这里他属于学习成绩垫底的人。在每一个所处的社会群体中，他们终将会问：在这里我属于一个什么样的位置？我的角色和作用到底如何？

能力

“能力”在这里指一个人对自己的能力和水平的一种现实认识。在这一要素上，他们可以允许自己有弱项但同时又认为失败和错误能成为其成长和进步的阶梯。当然，他们也认可自身的优势或强项，并且明白“人不可能什么都擅长”这样的道理。

能力感的获得需要我们适度并恰如其分地看待以下问题：正常情况下我能做到什么程度、尽最大努力又能达至什么程度，重要的是，我们得相信自己具备相应的实力以实现希望达至的目标。一个不错的例子就是，看看那些参加年度达人秀或最佳歌手总决赛的选手们的表情，就会很清楚地明白这一点。这个相信自己有能力的要素就挂在他们的脸上，并展现在所有观众的眼前。我们大家似乎也都乐于见证当时那种场面：当评委对选手们发表睿智的评判词时，有的人的自尊一飞冲天，而有的人的则会瞬间落地。

使命

“使命”论及的是要让自己超越当下，着眼于未来的目标和理想。

使命感着重强调的是对自己的行为负责的能力，以及当此路不通时转而寻找替代方案的本领。由此我们可以看出，在这一领域内，个体在其思想和行动上应当保持一定的弹性，有动力去努力争取更好的结果，并能以客观实际但又积极进取的方式评价自己的表现。它包括能接受批评，相信自己有能力承担风险，不害怕受损、失望，永不言败。

培育幼苗和新枝

本章的内容聚焦于人类的孩童从刚出生开始是如何从情感的角度去认知和理解周围世界的。他们的成长过程伴随着社交能力和情感能力的发育，而这两种能力是其神经发育以及自身经历塑造形成的一个综合体，这些自身经历也孕育和培养了后天的诸多反应。随着一天天长大，他们的人际关系和人生阅历也会一步步向外扩张、拓展，从家庭开始，逐渐向外延展到布朗芬布伦纳所说的“宏观系统”。孩子对外部世界的体验日渐丰富，在他们的人际互动中，各自的行为模式将开始显现。他们的情绪反应会得到周围人的回应以及回应—反应循环之后的再反应。

随着时间的推移，孩子将开始创建一幅以自我价值以及如何有效管控挫败感和愤懑情绪为主题的图画。他们将学会识别出一些情绪反应，这些反应能为其管理好自身境遇提供最为行之有效的策略。有些孩子将慢慢学会躲藏在角落里来应对这个世界，因为他们相信让自己尽可能隐形才是最好的方法；有些孩子则可能会发现他们需要站出来和其他人讨论遇到的问题；但也有不少孩子会逐渐相信，要想安全、放心，就要敢说敢干，敢于反击任何会构成威胁的东西。毕竟，这就是他们周围的人摆脱困境的方式，用班杜拉的话说，在孩子成长关键时期身边非常重要的成年人已经用自身的行为表明，攻击是对这个世界的一种恰当反应。目睹成年人行为的孩子当时可能会受到惊吓，但过后也许会想：如果这对他们有效，那对我也应该管用。

情感发育和社交问题处理能力之间的联系非常关键。孩子们从其周边的环境——家庭、学校和当地社区——慢慢学会如何有效管控他们所遇到的各种情绪问题。他们的反应将成为环境反馈的一部分，因为身边其他人将会留意到他们的那些反应并会有针对性地做出反馈反应，于是，他们的再反应势必要受到身边其他人的节制。用简单的行为学术语来说，一个人的行为方式是在不断强化、加固的过程中被塑造出来的，其中一些行为因为得到奖励并带来满足感而继续存在，而另一些则会被渐渐忽视并最终消失。

孩子们并非天生就会欺负别人，即使他们生来就携带“尚武基因”。法伦教授自己的成功故事就表明，生活经历（在他的例子中，包括一个快乐的童年）可以中和基因的影响，甚至能阻止其做出不当的行为选择。孩子们似乎也不需要某些基因的帮助才能变得具有攻击性。他们似乎只要在成长环境中能定期观察到攻击性行为，就会知道对抗、攻击和争吵都是处理愤怒和沮丧情绪的某种方式。对多数人而言，这些做法兴许并不能消除或减轻他们对自己的负面想法和消极感受，但在他们能见识到更好的化解之道之前，这很可能就是他们所知晓的仅有的几个手段。

> 性子可真好！可也难怪她这么说，
> 没碰见倒霉事，谁都会心平气和。
> 听见别的苦命人在恶运折磨下，
> 哀痛地呼喊，我们说：“算了，淡定！”
> 但是轮到我们遭受同样的欺凌，
> 我们的呼天抢地准比他们更凶；
> 你可没有狠心的丈夫把你虐待，
> 你以为什么事都可以安心忍耐，
> 倘有一天人家篡夺了你的权利，
> 看你耐不耐得住你心头的怨气？

——威廉·莎士比亚

《错误的喜剧》（第二幕第一场）

第三章

“欺凌”进化史

CHAPTER THREE

就像达尔文写的那样，欺凌者已经“适应并进化了”。

欺凌者善于利用他们的环境，

而手段也越来越有创意，

他们利用网络实现“远程欺凌”以满足他们的需求。

几个世纪以来，“bully（欺凌）”这个词一直被人们广泛使用。早在16世纪，威廉·莎士比亚等作家就在作品中使用过：

这就对了，我的“bully hercules”！叫他们滚蛋，滚！滚！滚！

——威廉·莎士比亚

《温莎的风流娘儿们》（第一幕第三场）

然而，语言是动态的、不断发展变化的，其用法和意义一直在改变。不久前，我画了一幅画，并且自我感觉良好。我得意扬扬地把画拿给我十几岁的儿子欣赏，他却说：“哇哦，爸爸，这画真sick（原意是‘生病’‘恶心’）！”

我完全没想到他会这么说！我不明白为什么，一幅彩铅风景画竟会令他如此不舒服。我垂头丧气地说：“哦，我以为你会喜欢呢。”他接着说：“我喜欢啊，爸爸，真的‘sick’！”看着我困惑的表情，他解释道：“现在年轻人说的‘sick’，是‘太棒了’的意思。”

直到现在我还是一头雾水。不过，确实没必要大惊小怪，词语的意思一直在变化。在我小时候，“gay”这个单词是开心愉快的意思。如今，一些人用这个词来侮辱男性具有女性气质或者看上去柔弱。真是太奇怪了，一个原本蕴含美好寓意的词竟然变成了贬义词。而“sick”这个词恰恰相反，由贬义词变成了褒义词。今天的医生如果告诉一个住院的年轻人，他“sick”得厉害，这个年轻人也许会兴奋地比一个剪刀手，然后准备出院回家。

“bully”一词的用法也发生了变化。直到20世纪，“bully”这个词还经常被用来赞赏和鼓励朋友，如：

“嗨，格雷厄姆，我刚刚提了一辆新车！”

“天哪！鲍勃，你真‘bully’！”

在本章开头，我们提到莎士比亚在他的作品中运用到了这个词，下面来看一看上下文语境：

福斯塔夫：我说店主啊！

店主：怎么说我的“bully-rook（老滑头）”？说话可要文雅点儿，像个有学问的人。

福斯塔夫：不瞒你说，我可得打发掉一两个跟班了。

店主：这就对了，我的“bully hercules”！叫他们滚蛋，滚！滚！滚！

福斯塔夫：我的吃用开销，一星期也得10镑呢。

店主：当然啦，你就像个皇帝，像个恺撒，像个土耳其“宰相”。我可以把巴道夫收留下来，让他做个酒保，你看好不好，我的“bully hector”？

莎士比亚在这里使用的是“bully”一词的原意。在上面的场景中，小旅馆的店主劝福斯塔夫不要理会他的朋友和那些流言蜚语。可是在这之后，就像很多词一样，“bully”一词也被归入了负面词汇的行列。

然而，我们目前还不清楚为什么会出现这种情况。一些网络词典认为，这个词可能来自中古荷兰语的“boele”，意思是“甜心”“亲爱的”，也可能是“broeder（兄弟）”的异体字，可能隐喻某种社会秩序或人际关系。然而，有一种解释似乎更接近我们现代的理解，那就是盎格鲁-撒克逊语中的“bulgian”，意思是“像公牛一样吼叫”。

在北欧，欺凌行为被称为“mobbing”或“mobbning”。这两个词与英语单词“mob”有明显的相似之处，“mob”的意思是一群经常制造麻烦或混乱的人。“mobbing”一词曾被康拉德·劳伦兹当作术语来使用，他在研究鹅群中的依附关系时，用“mobbing”这个词来描述一群动物为了保护整个群体而攻击一个不正常的个体的行为。

自20世纪70年代初，丹·奥维尤斯（Dan Olweus）开创性的研究以来，这一领域研究进程中的主要障碍就是：确定什么是欺凌的核心问题以及为欺凌下定义。正是在丹·奥维尤斯的努力下，欺凌问题首次被纳入正式研究范畴，并且迅速成为一个热门的研究方向。然而，在众多研究中，对于欺凌究竟是什么，却没有普遍认可的正式定义。在北欧的早期研究中，研究人员自己给欺凌下定义，自己鉴别欺凌行为，目的是指导学生在学校里识别对他人造成人身伤害的人。

欺凌现象在学校和其他场所中都存在，这一现象并非现代产物。人类社会一直充斥着欺凌，文学作品中也不乏描写欺凌事件的场景。托马斯·休斯（Thomas Hughes）在1851年出版的《汤姆·布朗的求学时代》中，真实描述了学校中的欺凌情景。欺凌在现代小说中也扮演着重要的角色，是现代作家常用的主题，比如知名儿童作家杰奎琳·威尔逊（Jacqueline Wilson）在她撰写的“崔西·贝克系列”故事中也运用了这一主题。

查尔斯·达尔文在他的科学著作中指出，在自然界中存在着等级和结构。这个证据说明欺凌是自然界中的普遍现象。现在，有一个著名的研究小组认为，欺凌是大多数动物社会的组成部分，尤其是在灵长类动物的社会组织中。

天然的阶级

西达纽斯（Sidanius）和普拉托（Pratto）教授在研究社会群体中的权力结构时，提出了社会支配理论。这个理论设想有一种基于进化发展的非常复杂的社会动态，它激励个体在社会环境中争取支配地位。这个推论与达尔文进化论和现代社会模式带来的困扰有明显的联系。

桑德斯（Sanders）和菲伊（Phye）等人认为，欺凌的出现是难以避免的，特别是有些环境中天然存在等级制度，还有一些环境中存在着公认的等级制度，如学校和工作场所中。桑德斯和菲伊认为：要完全消除同伴的欺压，即使不是不可能，也是非常困难的。

在欺凌的研究中，最重要的是确定谁是欺凌者，以及什么样的互动构成欺凌行为。可以说，这一基本问题之所以充满了不确定性，根源在于社会对等级制度的接纳，以及对几乎渗透到人类文化方方面面的阶级的承认。在每一个社会领域，几乎都存在着权力和地位的划分，这些阶层构建了人与人之间的关系，并决定了人们的互动方式。

社会的构建似乎围绕着这样一种观念：拥有一定程度的凌驾于他人之上的权力是可以接受的。在一个企业内部，有董事长、经理、主管和基层员工；在大多数学校中，有主任、副主任和教师。在一个典型的家庭中，有女主人、男主人和孩子。所有这些社会建构都有助于强化这样一种观念：人与人之间的关系，大多都与权力、支配以及影响力的等级有关。

在世界范围内，职场压力造成了巨大的经济损失，其中相当一部分原因来自职场欺凌。然而，假如一名经理指挥员工去做他们不想做的事情，那么这到底算不算欺凌行为呢？这种情况下，定义欺凌行为变得难上加难。也许在员工看来，经理交代的任务似乎不在他们的职责范围之内，或者实际上，考虑到目前的工作量，任务已经太重了。在这种情况下，经理对员工下达指示是否构成了欺凌行为？或者对于经理来说，这只是他的分内工作？是他不得不做的决策？因此，我们要探索欺凌的一般含义是什么，以及不同研究认同的关键词都有什么。一些研究人员用“职权”这个术语来描述经理和员工之间的关系，如诺布尔（Noble）曾指出：一切都是为了使机构的运作实现功能最大化。在他的职权范围内，他在一套既定的原则内客观地操作，因此具有完全的可预见性和公正性。

因此，重要的是要确定可预见性和公正性与欺凌行为之间的默认界限在哪里。答案可能就隐藏在诺布尔提出的“一套既定的原则”之中。这似乎表明，我们的社会存在着一套有意识，甚至是无意识的对边界的理解，这些关于边界的“常识”左右着我们，指导我们根据一个人的社会角色去判断他的行为能否被接受。要想确定这些界限，必须首先对欺凌进行识别、标记、分类和定义，这是非常重要的。在这一系列过程中，我们或许能够确定无形的临界点在哪里，从而帮助我们将某种行为划分为社会可接受（尽管不愉快）的管理要求，或社会不可接受的欺凌行为。

在社交场所中，举止粗鲁、不痛不痒地破坏原则或反复地违反规则等行为本身并不构成欺凌行为，但它们是不好的开端，共同制造了一种让人难以接受的氛围。“勿以恶小而为之”，如果这些不和谐的行为不受质疑地在人群中畅通无阻，它们可能会发展成更高形式的冲突，并导致欺凌。从上述研究中可以明显看出，任何有关欺凌的研究工作，前提都是必须有一个所有相关人员都能接受的非常明确的定义或对欺凌的基本理解。做不到这一点，研究就失去了方向，就不可能清楚地理解探讨的是什么。因此，定义是一个共同的起点。

识别和定义

对任何调查研究来说，认识正在讨论的现象都是至关重要的。为正在审视的内容归纳出一个清晰的定义很有必要，这将明确认识的界限，并能围绕界限提出问题。当某些特定的词语有不同的情感含义时，问题似乎就出现了。例如，定义里经常用到的术语“攻击性”。但是“攻击性”是什么样子的呢？对一些人来说，皱眉、大吼或瞪一眼就算是攻击性行为；而对另一些人来说，只有存在肢体接触的伤害行为才算是攻击性行为。类似的还有“困扰”这个词，对有些人来说，当遇到同一个问题被问 3 遍，或者争论时对方不肯妥协这种鸡毛蒜皮的小事时就会感到“困扰”了。这就是问题的核心所在：当不愉快的事情发生时，每个人都有自己容忍的界限。对于那些容忍力较低或自尊心特别敏感的人来说，稍有不合心意都会感觉是被欺负了。当我们试图与他人倾诉内心的想法和感受时，这个问题就会真正显露出来，无论他们是孩子还是大人。

从与世界各地学生的广泛交流中可以看出，如果想要明确在学校里什么是欺凌行为，什么不是欺凌行为，最好是问问孩子们自己的看法，而不是直接告诉他们什么是欺凌行为。想象一下：

学生：“老师，玛丽·简欺负我！”

老师：“发生了什么事？”

学生：“她总是跑到我这儿，揪我的头发，哈哈大笑，还让她的朋友们推我！”

老师：“什么时候的事儿？”

学生：“老师，她一天到晚都这么做。”

老师：“哦，别放心上，我觉得她只是逗你玩的。”

上面的对话并没有夸张的成分，一些学生在跟我聊起学校里的老师是如何处理欺凌行为时，跟上面的情况差不多。父母们的做法往往也是如出一辙，他们会说“嗨！男孩嘛，打打闹闹没什么大不了的”或者“她肯定不是故意的啦！”这些都是成年人对违反社会道德行为的解释，大人不听孩子解释，也不承认孩子的情绪，这必定会让孩子们感到失望和挫败。

通过与孩子们讨论，我发现关于什么是欺凌、什么是不愉快（但不构成欺凌）的社交行为，8~13 岁的孩子与成年人在理解上存在着明显的感知差异。成年人可以从孩子们的经历中学到很多东西，这有助于成年人梳理出一个更清晰的定义。成年人对什么是欺凌的看法比孩子们更加复杂，或许这是由于成年人知道得太多，而又太重视语义差异的缘故。说到欺凌，也许越简单越好，关键是找到一个能得到各方人士都认可的定义，这样也会避免某一方把“欺凌”观点强加给另一方。

研究领域缺乏对欺凌的明确定义，这对明确什么是校园欺凌不是一件好事。20 世纪 70 年代，丹·奥维尤斯在试图定义欺凌时也遭到了同样的困境。他认为欺凌最初主要是男性的行为。1993 年，他在《校园欺凌：我们知道什么，我们能做什么》中，重申了他之前作品（1986

年，1991 年）中的定义。他这样写道：

当一个学生反复地、长期地遭受一个或多个学生的负面行为时，他或她就被欺凌或伤害了。

奥维尤斯详细说明了什么是“负面行为”，他说“当有人故意伤害或企图伤害他人，并让他人承受痛苦或不适的时候，就发生了负面行为”。

在当今的研究领域中，奥维尤斯的正式定义是大多数定义的典型代表。此外还有其他一些定义，例如，法灵顿（Farrington）于 1993 年提出：欺凌指的是较强的人在身体上或心理上反复欺压较弱的人；史密斯（Smith）和夏普（Sharp）在 1994 年提出：欺凌是蓄意滥用权力；里格比（Rigby）于 2002 年提出欺凌行为包括以下要素：伤害他人的意图，伤害他人的行为，不平衡的权力，（代表性的）反复不公正地使用权力，压迫者感到享受，被压迫者通常感到受折磨。

这些定义在某种程度上能够帮助我们去理解，当一个人做了令人不愉快或不舒服的事情时，欺凌行为是如何发生的，但它们没有给出一个明确的界限，因此，并没有真正说清什么是大家共同认可的蓄意欺凌行为。最困难的地方是，怎样达到一致性。众口难调，一个人感受到的不愉快或不舒服，跟另一个人感受到的不愉快和不舒服，该怎么比？考虑一下这些事情，试试按照不愉快的程度给它们打分：

	勉强容忍	讨厌	厌恶	憎恨	深恶痛绝
重金属音乐	0----1----2----3----4----5----6----7----8----9----10				
脏话	0----1----2----3----4----5----6----7----8----9----10				
吸烟	0----1----2----3----4----5----6----7----8----9----10				
餐桌上谈政治	0----1----2----3----4----5----6----7----8----9----10				
凉鞋配袜子	0----1----2----3----4----5----6----7----8----9----10				

有可能为“不愉快”划定一个系统的或普遍的临界值吗？也许并不能。问题主要在于内在价值和内在的个人社会构念不同。对某一个人或某一种文化来说很不愉快的事情，在另一个人或另一种文化看来也许完全能够接受。例如，在某些文化中，用狗肉招待客人或是在餐桌上大声打嗝都是稀松平常的事情，而这在另外一些文化中则完全不能被接受。同样一件事情，有的人喜欢，有的人反感，这取决于事情发生的具体环境和背景。同样，欺凌不仅仅是一种令人不愉快的行为方式或攻击性的行为，行动背后的意图或认知起着重要的作用。但需要注意的是，许多学生没能认识到这一点。

意图在欺凌行为中扮演着重要角色

《柯林斯英语词典》这样解释“蓄意”一词：“有计划的、深思熟虑的、故意的、有预谋的、筹划的……”

或许，我们可以梳理过去10年的一系列研究，参考其中的一些定义，试着找到一种更好的识别和定义欺凌的方法。这样做的目的是为了明确，在众多作者和研究人员使用过的各式各样的定义中，是否存在着一些关键主题，可以帮助我们构建对于什么是欺凌的共同理解。通过将这些定义中的主题进行分组，可以列出各种定义以及不同的研究者所研究的主题出现的频率。下面的表 1 描述了这种频率：

表 1　已发表的著作中，用于定义欺凌的主题词出现的频率

主题词	频率	文献来源
消极攻击	3	奥维尤斯（1999）；沙利文、克利里和沙利文（2005）；史密斯、帕普勒和里格比（2004）
一次或多次发生	1	沙利文、克利里和沙利文 （2005）
身体的	3	沙利文、克利里和沙利文（2005）；艾略特（1992）；贝克和史密斯（2005）
心理的	3	沙利文、克利里和沙利文（2005）；菲尔德（2007）；贝克和史密斯（2005）
情绪的	4	沙利文、克利里和沙利文（2005）；艾略特（1992）；菲尔德 （2007）；贝克和史密斯（2005）
蓄意的	2	艾略特（1992）；贝克和史密斯（2005）
痛苦和悲伤	2	奥维尤斯（1999）；贝克和史密斯（2005）
反复出现的	1	贝克和史密斯（2005）
故意的 / 蓄意的	3	艾略特（1992）；菲尔德（2007）；史密斯、帕普勒和里格比 （2004）

力量悬殊	4	海涅曼（1973）；菲尔德（2007）；贝克和史密斯（2005）；史密斯、帕普勒和里格比（2004）
有组织的、惯常的	2	沙利文、克利里和沙利文（2005）；艾略特（1992）
隐蔽性	1	沙利文、克利里和沙利文（2005）
性别 / 种族因素	1	史密斯、帕普勒和里格比（2004）

在这些不同的定义中，艾略特（1992）、贝克和史密斯（2005）、菲尔德（2007）、史密斯（2004）、帕普勒和里格比（2004）公然使用“蓄意”这个词来强调这样一个事实：欺凌行为主要是故意的，为了自己的利益而对他人造成了不必要的痛苦。欺凌行为又是一种复杂的行为，涉及多种因素，包括欺凌者的看法、行为发生的频率、行为的类型，以及这些行为如何受到社会环境的影响。

欺凌行为本质上是一种社交行为，尽管令人不愉快，但它是一种涉及社交动力学的行为。从一个非常简单的层面来说，它是一种社交手段。事实上，许多研究人员将欺凌视为一种“观赏性活动”，并且发现，群体内部的动态是决定欺凌行为动机的重要因素。一个有着“排外”理念的群体，与有着开放包容气质的群体相比，具有更强烈的欺凌倾向。

从同伴压力的概念，以及孩子们对集体中有些同伴会被欺负视为正常的现象中可以看出，欺凌是一种有意的行为。澳大利亚的研究人员探讨了关于群体内部规范和群体外部规范的隐藏规则，他们发现，小学生的认知受其他孩子的影响很大。英国肯特大学的研究发现，同伴意见对文化认同和同龄人群体接纳等问题有很强的影响。这些意见往往会导致围绕社会或文化的刻板印象的产生，以及歧视、有针对性的欺凌行为的发生。

从这类研究中我们可以清楚地看到，在任何情况下，都有一种社会过程在起作用，这个过程会影响群体成员的感受，从而影响一个群体做出何种选择——策划和展示哪些相关行为。从欺凌以及支持欺负他人的现象来看，在这里探讨认知过程可能是什么样子的，什么因素决定了可观察的行为是有必要的。

理性行为理论

关于“意图”有一个先决条件，即行为是有计划的：在事件发生之前，欺凌者已经有了一些认知推理，意识到了欺凌行为对他们自己是有利的。在这里起作用的决策理论被称为“理性行为理论”。这一理论分解了决策过程的各种组成部分，并展示了衡量行动的积极结果和消极结果的认知过程。1980 年，阿耶兹（Ajzen）和菲什拜因（Fishbein）用公式描述了这个过程：

BI=（AB）W1+（SN）W2

BI= 行为意向

AB= 个人对待这种行为的态度

W= 对自己的态度 / 相关的主观规范的重视程度

SN= 与行为相关的主观规范

如果一个人打算实施一种行为，他很可能会去做，不过，这取决于他对这种行为及其后果的态度（AB）以及他认为别人会如何看待这种行为（SN）。此外，一个人对自己的态度和相关的主观规范的重视程度（W）也是重要的影响因素。比如，一些人就特别在意别人的看法或社会对他们的期望，这些人可能会忍住不去做那些自己本来想要做的事情。而那些不在乎他人看法的人，更有可能会想做什么就做什么。

对上面公式不太感兴趣的读者，可以从下面这类熟悉的思维套路来理解：

嘿！我最近节食很有效果，这周减掉了一斤，而且……诶，这是什么？罐子里有一块巧克力蛋糕……

……我正在节食，我想减肥，这样到了夏天我就能去海滩秀一秀了……

……可是，这块巧克力蛋糕……家里其他人好像都忘记了……

……好吧，不过家里人都在节食啊……

……管他呢！它看上去真好吃啊……

……唉，可是我会愧疚的，而且还要向节食小组报告……

……嗯……我不说就是了，没人会知道……

……好！可是，我会知道……

……不过，只要它消失了，我就不会再受诱惑了……

……你可以随时把它扔掉……

……对！就这么办，可是这是块巧克力蛋糕啊……

选项一：吃掉它，一了百了。偶尔也得犒赏自己一下。

选项二：扔掉它，为自己骄傲。

你会怎么选择呢？该理论假设，如果一个人实施了某项行为，那么他就是笃定了这种行为所产生的积极结果超过了一切可预知的消极结果，或者至少他觉得可以忽略因为忍不住做了违心事而带来的内疚感。这一理论遭到了一些批评，主要围绕着有意识的行为往往不单单受制于社会因素的影响。为此，阿耶兹进一步发展了理性行为理论。他参考了“自我效能”的概念以及班杜拉的著作，在 1985 年将理性行为理论更名为“计划行为理论”。

计划行为理论关注的是一个人对自己执行计划能力的信心，还包括更高水平的反思性思维。尽管这两种理论主要探讨的都是有关社会选择（比如购物、想要节食）的决策过程，但它们的确有助于我们去理解欺凌现象，因为它们都认可预谋和意图可以指导行动。我们考量欺凌定义的一个基本要素就是，在行动实施之前存在着计划或蓄意伤害的想法。然而，如果欺负他人的动机是由结果驱动的，那么意图和行动之间的联系就存在争议。

这里需要考虑的是，欺负他人可能带来社会利益背后的思维过程，以及欺凌者自己掌控这一思维过程的能力。问题是，一个人决定去欺负别人，驱使他做出这个决定的，是个人对利益的基本需求吗？而这种需求与任何外部因素（如社会动力）都无关吗？或者说，驱使他决意做出欺凌行为的，是不是获得社会反应的内在需求呢？也就是说，是不是将欺凌作为一种与外部社会情境进行交流的方式呢?

根据计划行为理论，在欺凌者看来，欺凌行为是对社会和个人都有利的事情。因此，意图似乎是认知过程的直接结果，这个认知过程系统地平衡了所有可能出现的结果，并确认这项行动是一种积极的举措。

表面上看，恶霸用行动为自己代言，毫不掩饰自己是恶霸。我们可以想象一下，暂且把道义放在一边，在世界上任选一所学校，随机走进一个班级去问“谁是这里的恶霸？”大多数孩子都能指出某个人（他们是否真的会这么做是另一回事）。恶霸善于让别人知道自己，他们有很强的存在感，时不时地出风头。然而，恶霸们的内心究竟在想些什么，却不太为人所知。我们将在下一章更详细地讨论这个问题。

到目前为止，这一章着重从研究的角度来探讨欺凌的定义和对欺凌的理解问题。自从奥维尤斯给欺凌下了定义以来，关于理解什么是欺凌的研究似乎取得了显著进展，然而到目前为止，我们提到的所有例子都是成年人对欺凌的理解。我们接下来从孩子们的角度来理解和阐述欺凌行为。虽然在当代有许多定义援引了孩子们遭受欺凌的经历，但很难说清这些定义在多大程度上代表了孩子们在欺凌情境中的实际经历。

20 世纪 80 年代末、90 年代初，一项在谢菲尔德展开的研究，调查了 14~15 岁青少年对欺凌行为的理解，并得出了 12 个构式或维度。有趣的是，1994 年阿罗拉（Arora）针对一年级学生进行的后续研究得出了类似的描述。这项研究的结论（表 2）展示了孩子们对欺凌的不同理解。当然，相比精神上的欺凌，孩子们更容易识别暴力欺凌。

表 2 阿罗拉（1994）研究结果摘要

元素	反馈百分比
直接的身体攻击	40
团伙 vs 单个人	30
不止一次发生	14
羞辱（包括取笑 / 戏弄 / 咒骂 / 问粗鲁的问题）	14
刁难某人	14
威胁施行暴力攻击	13
无缘无故地	10
挑衅滋事	7
造谣、侮辱个人或其家人	7
抢夺财物	6
以大欺小	<1

从表面上看，似乎有各种各样的行为方式，可以直接、故意地伤害或打击某个人。然而，如果我们将这张表与我们前面探讨过的定义和理解进行对比，就会发现人们似乎对欺凌行为的构成要素有普遍的共识。表 3 显示出了这种共识：

表 3 有关欺凌的各种研究中出现的相同元素

研究中的定义	孩子们的看法 阿罗拉（1994）	教师们的看法 内勒等(2006)
消极攻击 奥维尤斯（1999）；沙利文、克利里和沙利文（2005）；史密斯、帕普勒和里格比（2004）	直接的身体攻击； 威胁施行暴力攻击	言语暴力 / 谩骂
一次或多次发生 沙利文、克利里和沙利文（2005）	不止一次发生	长期、反复发生
身体的 沙利文、克利里和沙利文(2005)；艾略特（1992）；贝克和史密斯（2005）	直接的身体攻击	暴力伤害
心理的 沙利文、克利里和沙利文(2005)；菲尔德（2007）；贝克和史密斯（2005）	无缘无故地； 刁难某人； 威胁施行暴力攻击	言语暴力； 社交孤立； 利用力量悬殊
情绪的 沙利文、克利里和沙利文(2005)；艾略特(1992)；菲尔德(2007)；贝克和史密斯（2005）	羞辱（包括取笑 / 戏弄 / 咒骂 / 问粗鲁的问题）； 威胁施行暴力攻击	言语暴力； 社交孤立
蓄意的 艾略特（1992）；贝克和史密斯（2005）		
痛苦和悲伤 奥维尤斯（1999）；贝克和史密斯（2005）	无缘无故地； 刁难某人	社交孤立
反复出现的 贝克和史密斯（2005）	不止一次发生	长期、反复发生

故意的 / 蓄意的 艾略特（1992）；菲尔德（2007）；史密斯、帕普勒和里格比（2004）	威胁施行暴力攻击	故意造成伤害
力量悬殊 海涅曼（1973）；菲尔德（2007）；贝克和史密斯（2005）；史密斯、帕普勒和里格比（2004）	以大欺小； 团伙 vs 单个人	利用力量悬殊
有组织的 / 惯常的 沙利文、克利里和沙利文（2005）；艾略特（1992）	团伙 vs 单个人	
隐蔽性 沙利文、克利里和沙利文（2005）		
性别 / 种族因素 史密斯、帕普勒和里格比（2004）	造谣，侮辱个人或其家人； 挑衅滋事	言语暴力； 社交孤立

欺凌现象中的社交动力学

正如我们之前讨论过的，欺凌是一种社会行为。尽管这种行为让人很不愉快，但它仍然是一种社会行为。对于大多数喜欢欺负人的孩子来说，这是他们用来应对环境的看家本领之一。我们都不喜欢欺负人的孩子，但我们有必要先平和地看看一个孩子的全部。我们必须走出这座“温室”，从不同的角度客观地观察孩子。在下一章中，我们会从了解欺凌者的内心世界出发，尝试看看他们眼中的世界。现在，先来看看欺凌发生的环境和情景。

内群体心态和外群体心态

我们之前提到过社会支配理论在很多动物社会都通行，现在我们合理地假设：一定有某种潜在的机制在起作用，推动着这一过程。可是，什么样的机制带来了社会等级秩序呢？支配一些人成为欺凌者的隐性规则又是什么呢？我们刚刚讨论过理性行为理论，这意味着欺凌者将欺负他人看作是一种有益的行为。不过现在需要考虑的是，他们可能选择关注什么，以及如何实施欺凌行为。

社会等级秩序是由分类、比较和分级的基本机制所确立的。就欺凌来说，欺负人的孩子会利用一套个人特征对群体进行过滤，最初会从个人开始过滤，用一个简单的两级维度来区分哪些人与自己相似，哪些人与自己不同：

像我的——————————不像我的

接下来，他们会将“不像我的”按照具体的地点、文化和年龄进行再分类。在过去的几十年里，关于受害者描述自己遭到了什么样的欺负，研究者已经总结出了一些非常有用，而且有见解的标准。

外表

这个不足为奇。按照刚刚谈到的，如果用“像我的、不像我的”作为群体过滤的开头，那么除了双胞胎和三胞胎等，总会呈现出两种情况：你长得要么像我，要么不像我。那么，你猜怎么着？你不像！2016 年在英国展开的一项关于欺凌情况的调查中，有超过 52% 的 18 岁以下遭受过欺凌的人表示，他们被欺负的原因与外表相关。这对于绞尽脑汁找借口的恶霸（暂时由我来扮演）来说是一个很容易的选择，因为我可以根据你具备的各种特征来挑你的毛病：我可能怪你比我高——你这呆头呆脑的傻大个儿！气你比我腿长——鹤腿怪！烦你比我矮——矮冬瓜、霍比特人！笑你比我胖——摇摇摆摆的大肥猪！烦你比我瘦——骨骼清奇……

说真的，假如我的编辑告诉我这本书还要再添上几页，我现在就可以写下四五页来挑剔你眼睛的颜色、手指的长短和脚丫子的形状。我可以挑剔你的发型或者头发颜色，你的头型和你的肤色。甚至，如果我想，我还可以嫌弃你的耳朵和鼻子不好看。对一个恶霸来说，挑剔他人外貌是最得心应手的武器，他所需要的只是想象力和丰富的措辞。事实上，对于旁观者来说，欺凌者的兴趣点在许多方面听起来十分真切，因为旁观者也各有各的外貌。这向旁观者，也就是所谓的“看客”发送了一个令人担忧的信息：他们很可能会成为下一个因为外貌而被嘲讽的目标。

兴趣/爱好

在上述调查中排名第二的诱因是兴趣爱好。43% 的受访者表示他们被欺负和兴趣爱好有关。在恶霸的眼中，一个人的爱好"不像我的"，是另一种可供挑剔的理由。重提一次，欺凌者很容易为了利益而打击异己，但在爱好不同这个方面，欺凌现象更多地与社会身份和文化差异有关。记得在中学时，我有一回大大咧咧地对一个朋友说，我喜欢那年音乐排行榜上的一首歌（那时我大概 13 岁）。然而，这很平常的一句话，被同年级公认的恶霸听到了。我至今都忘不了他的轻蔑和刻薄：

"哇哦！哈哈哈哈！你喜欢《兄弟情》？哈哈哈哈！你真是个娘炮！喂！大家听到没？格雷厄姆喜欢《兄弟情》……'把你所有的吻留给我'，哈哈哈哈！好一个娘娘腔！！！"

我很清楚，这个坏脾气的小伙子当时没能欣赏那首经典歌曲里微妙的和弦处理和紧凑的和声。历史总是惊人的相似，"不像我"也是那个年代的手段。除了音乐之外，欺凌者针对的兴趣爱好的差异可以说是五花八门。

这里有趣的是行动与社会身份之间的联系。显然，这个年轻人将文化身份和娱乐爱好明显地联系了起来。我说我喜欢一首伤感的歌，这件事情在他头脑里幻化出了一种情感和性别之间的直接联系。这些元素在布朗芬布伦纳的生态系统理论里也有体现，情感价值和性别认同存在于学校和家庭等微观系统当中。

学业成绩

这一范畴可以分为明显的两类。在 2016 年的调查中，21% 的受访者表示，被欺负的原因是成绩比欺凌者的好。一些人可能会认为这一现象是因为欺凌者缺乏自尊、成就感太低，但事实并非如此，因为还有 17% 的受访者表示，他们被欺负是因为成绩比欺凌者的差。看来，排斥不同才是关键所在。

孩子们甚至从很小的时候就会通过比较自己和别人，来决定要跟谁玩。作为一名教育心理学家，我经常去教室观察学习环境中的孩子们。我走进教室后，孩子们经常会跑过来问我是谁，或者问我来这里做什么。这种时候，热热闹闹的提问声中常常夹杂着一些类似的评论："这是玛丽，她跑步很厉害！""那个男孩，他总是惹麻烦。"有一次，我走进二年级的一间教室，去探望一名有选择性缄默症的孩子（拒绝或不愿在公共场合讲话），一个很健谈的孩子走到我的面前说："嗨，先生，在那儿呢！那个就是黛西（此处隐去真名），她一直不说话！"然后他扭头问黛西："你不说话的，对吧？"她顺从地摇了摇头。小男孩得意地说："我就说她不说话吧！"小女孩站在那里不知所措地看着我，我笑了笑，假装没注意她的表情，假装我只是顺便来班里看看的。

孩子们很快就能知道自己在教室里的社会地位。如果你让孩子们从高到矮排成一行，他们不仅会照办，而且很快就能排好。注意，接下来的两件事，我并不建议你真的去做。如果你让他们从最聪明的到最不聪明的排成一行，大多数孩子都能大致知道自己的位置在哪。而且，假如你让他们按照行为得体或者受欢迎程度来排队，情况大概也是这样。事实上，心理学家让孩子们填写的许多情感评估问卷，都是自我评估性质的，询问孩子们是否认为自己是合群的、受欢迎的、惹人喜爱的以及行为得体的。这些要素能够帮助我们理解我们是谁，以及我们的情商水平。

孩子们报告的被欺负的原因中，家庭收入占 19%。和刚刚讲过的学习成绩因素同理，无论你的钱比欺凌者的多还是少，都一样会惹恼他们。在应对欺凌时，孩子能得到多大程度上的保护是很重要的，那种认为来自高收入家庭的孩子能够得到更好的保护的观点是错误的。

还有一个原因与社交关系相关。19% 的孩子说他们之所以受到欺负是因为他们和已经受到欺负的人有关系，有的是他们的家人，有的是他们的朋友。从欺凌者的角度来看，他欺负过的人的家人是理所当然的目标。最后一个原因与性别或性别认同有关，17% 的受访者表示，他们被欺负是因为他们外表柔弱（作为男性）或者他们的行为举止不够“男子汉气概”。

显然，欺凌者并不需要绞尽脑汁去寻找欺负别人的理由，任何借口都是可行的。当我们从一个恶霸的角度看待这个世界时，我们会发现，不是别人“不好”，问题出自欺凌者的内在世界。与此同时，我们需要看看欺凌行为是如何实施的，以及现代技术对欺凌现象带来了什么样的影响。

恶霸行径

既然说到恶霸们欺负人是不需要理由的，我们就需要把注意力转向他们是如何做坏事的。正如我们所看到的，科技进步给欺凌带来了一些令人震惊的影响，并在这个过程中产生了一个新词——“网络欺凌”。首先，最简便、最常见的欺凌方法是运用语言。

言语欺凌

当我还是个小孩子的时候，我经常在操场上听到这个童谣：

棍棒石头可能会打断我的骨头，但话语决不会伤我分毫。

这话说得不对，言语有时可以很残酷。有些话，风一吹就散了；有些话却像是饥饿的寄生虫，叮着我们的皮肤，钻入我们的骨血，啃噬我们的心灵。小说家和剧作家爱德华·布威－利顿（Edward Bulwer-Lytton）在1839年写道：“笔比剑更有力！”他说的没错。尽管布威－

利顿说的是书面文字，但口头语言同样有影响力。可是，这种像噪声一样看不见摸不着的东西，怎么会有如此强大的破坏力呢？恶霸们出口伤人的方式往往有以下3种：

首先，他们会针对个人特点："嗨，丑八怪！你长得这么丑，猪八戒跟你比都成白马王子了！"

其次，他们会威胁别人，暴力恐吓："你死定了！放学后我要把你打个稀巴烂！"

最后，他们会说你是社会的弃子，嘲讽打击你："嗨，大家听着，拉姆斯登到现在都没有女朋友，哈哈哈哈！"

语言有各式各样的用法，伤人的话五花八门，或者准确地说，伤人的话可以有各种套路。这里还有一些例子：

- 骂人
- 造谣
- 嘲讽
- 挖苦

但在社会心理学看来，用于交流的不止语言。

非语言欺凌

非语言欺凌与语言的运用方式和隐藏信息的传达方式有关，它为我们在公共场合交流和自我展示的方式增加了想象力。有些讽刺的是，最大的伤害可能来自没有说出口的那些表达。加州大学心理学名誉教授阿尔伯特·梅拉宾（Albert Mehrabian）在1967年提出了沟通和一致性理论。

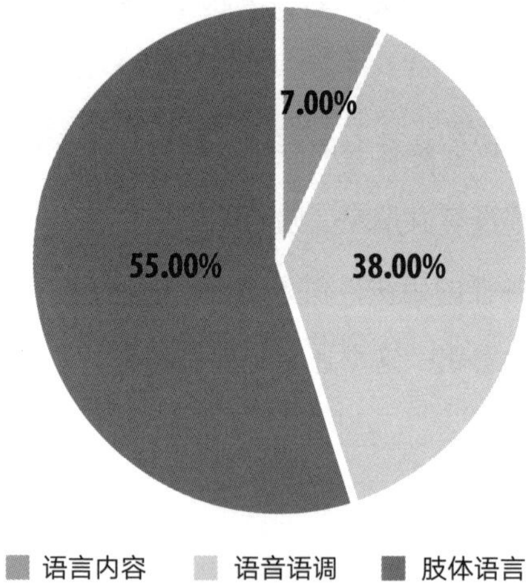

我们的交流

梅拉宾的理论主要讨论的是，人们在交流时，语言和非语言信号往往不一致，从而无意中传递出含混的信息。他的论文概述了我们的交流方式不是单一的，而是由不同部分组成的整体。在一整套复杂的沟通技巧中，真正的语言表达所占的比例最小。事实上，在目前，语言内容是沟通过程中所占比例最小的元素，仅占社交互动中传递的全部信息的7%。我们在传递信息时使用最多的是肢体语言。肢体语言包括眼神交流、面部表情和身体姿势等。这些元素在我们的表达中占了 55%，剩下的 38% 则是语音语调的细微差别。看到这些数据，就会知道肢体语言在交流和表意时是多么的重要。

所以，假如随口打声招呼："嗨！"我们只需要稍微改变一下梅拉宾交流原则中的另外两个因素，表达出的意思就会完全不同。

那么，你想遇到以上的哪种面容呢？面部表情很重要，能够传递出这声简短问候的"话外音"。同样值得注意的是，当一个恶霸对你说了声"嗨！"时，他希望看到你什么样的表情。如果你像 1 那样给他一张笑脸，事情就有趣了；如果你表现出 2 的表情，那么正合他意；至于第 3 个表情，我觉得恶霸看了会愣住。

如果愤怒的面孔再搭配威胁的语气，恶霸们简直如虎添翼。对一部分欺负他人的孩子来说，威胁和控制对方就能够满足他们的社交和情感需求。所谓投射性威胁，目的就是让被欺负的孩子足够顺从，以此满足欺凌者的情感缺口。然而，对另外一些欺凌者来说，这只是他们恶劣行径的起点。

暴力欺凌

这是目前最引人注目、报道最多的欺凌行为。通常，恶霸在打人的时候还会恶语相加，嘲弄和威胁对方，但也并不总是这样。我们已经知道欺凌行为是有预谋的、故意的，可是有的孩子在没有收到任何警告的情况下就挨揍了。他们可能正走在学校走廊上、操场上或在商店里，冷不防地被打倒在地。

暴力欺凌是对另一个人直截了当地展示力量。这是一个公然的对身体控制的提醒，并警示受害者和所有旁观者要服从社会等级秩序。恶霸们经常采取肢体暴力行为，因为这么做最容易吸引目光，也最容易一传十、十传百。暴力欺凌不仅会伤害受害者的身体，还会破坏他们的社交能力、打击他们的情感。身体暴力对受害者来说是最直接的信号，躯体上的疼痛告诉他们：这里不安全。

精神欺凌

精神欺凌也被称为心理欺凌，这种欺凌行为的破坏性效果绝不应该被低估。精神欺凌，正如它的字面意义，会深深地伤害受害者的心灵。精神欺凌会侵蚀一个人的意志，并强化无助感，让人觉得自己越来越没有价值。精神欺凌的目的是使受害者处于弱势，它不仅会使受害者的社会地位长期低于欺凌者，而且还会维持“欺负—被欺负”的关系。

精神欺凌的方式多种多样，但根本作用是削弱他人的力量。典型的做法是拿走受害者的重要物品或隐藏他们的财物（例如，他们的书包），也许最常见的做法是操控受害者的社交关系和社交立场。

社交欺凌

恶霸们孤立受害者的行为包括胁迫和鼓励其他人支持自己。恶霸的行为让其他人感到非常恐惧，这使得大家很可能有了心照不宣的做法——为了避免自己成为下一个目标，不得不一起反对受害者（往往是通过不作为的旁观），以此自保。正如我们在第二章中探讨过的，融入集体、被他人接受是一个孩子健康成长的基本需求之一。

这种性质的欺凌摧毁了受害者的融入集体的需求。有一回，一位校长请我去调查发生在五年级的一起严重的校园欺凌事件。这个事件的受害者是一名女生，我们暂且叫她玛丽吧，她当时正在遭遇一场针对她的社交欺凌。她与一名同学闹矛盾了，那名同学就煽动其他同学一起孤立她，每当她在操场上想跟某个同学说话，小伙伴都会冲她摆手，不理她。她尝试过很多次，无论转向谁，对方都冲她摆手。

社交孤立对玛丽产生了严重的影响，她感到非常焦虑。这种境况向玛丽传达了一个简单粗暴的信息，那就是“你不重要！”这是玛丽第一次遭遇欺凌，她对我说，她宁愿被打一顿，也不愿像现在这样难过。后来，我们使用孤立欺凌者的办法化解了这个局面。我们只能通过和其他女孩交谈来实现，先单独谈，然后再召集大家一起谈。听到这件事对玛丽造成了如此严重的影响，她们中的很多人都感到非常震惊。她们说自己只是附和，害怕自己被孤立才这么做的，并指出都是那个煽动者的错。这种为了替自己的行为开脱而指责欺凌者的现象叫作“转移责任”，本章节后面将对此进行更详细的探讨。

还有一种欺凌，表现为控制他人的行为，强迫他人必须做什么、不准做什么。这种类型的欺凌行为，传递的是一种关于选择和重视的信号。要让一个人觉得自己很重要、很有权力，最简单的办法就是询问他的意见，然后按照他的意思去做。

“晚上想吃点什么？”

“要不我们出去吃？”

“好主意！”

这种认同传递出的信号是：对方很重要，他的看法和意见也很重要。现在我们来设置一个相反的情景：

“上周我在青年俱乐部见过你吧，拉姆斯登，是你吗？”

“是的。”

“你也配去那里？下回再让我在那里看到你，你就死定了！拉姆斯登，你还没活够吧？”

“没，没活够！”

“不错，下次别让我再碰到你！”

这类行为可以远距离操控其他孩子，限制他们想做的选择，控制他们想做的事情。同样，恶霸还会强迫其他孩子做他们不想做的事情。我记得在我上高中的一节相当枯燥的科学课上，一位相当疲惫的老师忘了带做实验用的试管，于是他离开教室去取。他刚一离开，校园恶霸就抓住机会了，他命令一个苍白、瘦弱的男孩（不，不是我！）跳上操作台，再从一张桌子跳到另一张桌子上，直到老师回来。我记得当时我为这个可怜的孩子感到难过，他经常被这个可怕的野蛮人欺负。

网络欺凌

众所周知，网络是欺凌者使用的“新式武器”。从广泛的意义上说，网络欺凌是使用技术手段的欺凌方式。欺凌者可能使用手机、电脑等设备，通过微博、微信等社交媒体（这些网络平台会随着时代发展而变更）来欺负他人。一个恶霸如果想通过网络欺凌他人，他所需要做的只是在网络平台上发挥想象力。

第一起有记录的恶劣网络欺凌事件应该是关于大卫·奈特（David Knight）的。他居住在加拿大的一个小镇上，镇上有人创建了一个关于他的网站，当时他毫不知情。这个网站上的内容非常低劣，称他是一个恋童癖、同性恋，人品下流，不仅如此，该网站还邀请其他人来点赞、评论这些事情，而且很多人添油加醋地写他的家庭发生过很多可怕的事情。这起欺凌事件激起了一场声势浩大的反对运动，最终成功地迫使这个网站下线了。可是这件事情毕竟经过了好几个月才得到解决，引起了公众的关注。

今天，几乎人人都有手机，网络欺凌可能无处不在，而且随时都可能发生。利用网络手段欺负他人的方法很多，其中包括“开心扇耳光”，即恶霸一边扇别人的脸一边用手机拍照，然后把照片发布给所有人看。上传电子照片又催生了流传“色情信息”的现象。人们有时会发送自己的私密照，却没有意识到这些照片可能会在互联网上到处流传。这种恶劣现象如今愈演愈烈，因为恶霸会利用私密照勒索和胁迫他人。许多天真无辜的青少年都曾上当受骗，被迫去从事危险和非法的活动，因为他们的把柄（例如私密照）落在了恶霸手里，不得不对其言听计从。对恶霸来说，利用网络手段的另一个好处是，他们可以远距离地攻击某个人。无论何时何地，只要受害者打开社交软件，就可能会发现自己被跟踪、被骚扰或被贬损。

当脑洞大开的恶霸遇到网络技术，就意味着任何人都可能成为受害者。今天，恶霸们甚至不需要知道他们欺负的人是谁，甚至都没和受害者见过面。“投饵”（在互联网上发布煽动性帖子）是恶霸们

“百宝箱”里的一个新武器。问你自己一个问题：如果你知道某社交平台上有个帖子让大家投出学校里最丑的孩子，你会去看票数是多少吗？我相信很多人会发现不去看太难了。几年前，达伦·布朗（Derren Brown）发起的一项社会实验揭示了其中的原因。

从众与转移责任

在这项实验中，达伦·布朗告诉观众，他们将观看一段实况场景，拍摄地点是伦敦的一处离他们不远的街道上，摄像师会秘密拍摄目标人物（我们称其为亚瑟）。除了亚瑟之外，所有参与拍摄的人要么是演员，要么是亚瑟的朋友，他们都是剧组人员的一部分。此外，参与拍摄的大部分人会随时与工作人员交流，观众们将协助设计亚瑟在整个晚上的经历。布朗解释说，每个观众都可以运用投票器来选择接下来的行动方案，最终将按照票数最多的方案进行下去。

工作人员会提醒观众什么时候开始选择、选项有哪些，并再次提醒观众，事件的经过将被拍摄下来，并在现场进行直播，而亚瑟始终不会意识到他参与了一场社会实验。场景设置就绪，观众摩拳擦掌，接下来直播就开始了。

场景一，亚瑟走进一家酒吧去见一个朋友，而这个朋友却故意迟到了。

第一项选择是：在亚瑟等待的时候，要不要有一个美女来跟他搭讪？观众投票的结果是“要”。于是，漂亮的女演员走了进去，开始找亚瑟聊天。下一项选择是：这个美女的男朋友是视而不见还是跟亚瑟打起来？观众选择让他俩打起来。接下来：是美女的男朋友被捕还是亚瑟被捕？结果是亚瑟被捕。在每一个场景中，工作人员都让观众做一个决定。情况变得越来越复杂，亚瑟越来越绝望了。

有趣的是，那个夜晚，随着亚瑟一步步走向深渊，观众们也越来越感到困惑，他们时不时被自己吓到，想象不出自己怎么会做出如此残酷的选择。最后，亚瑟逃命，被一辆超速行驶的汽车当街撞飞。那辆汽车速度太快了，亚瑟被抛向空中，摔在地上一动不动，生死未卜。这项实验在这里停止了。

此时此刻，观众们陷入一片难以置信的沉寂，事情不再有趣。布朗告诉他们，被撞倒的场景是前一天由特技演员参与拍摄的，这场实验的真正目标其实是观众。亚瑟的确没有意识到自己的处境，他现在安然无恙。布朗再次向观众解释，亚瑟不是实验对象，他们才是。如果人群中所有人都违反社会道义，犯了同样的错误，那么他们会很轻易地把自己的责任推卸给别人。这种思维方式被称为“转移责任”，正如我们常常听到的一句话：“好啦，其他人都是这么做的。”在公园里，人们往已经满了的垃圾箱外扔食品袋时，也总是这么说。

这类心理动态，以及从欺凌情景中抽身的能力在这里有着重要的意义。很多人不会采取行动来阻止恶性事件发生是因为其他人没有采取积极措施，大多数人会倾向于遵从多数人的观点，即使这种观点未必是他们认同的。许多事情都是这样，欺凌现象之所以一直存在，是因为人们的惯性和不作为，盲从者往往是恶霸的帮凶。在网络欺凌事件中，许多人就跟达伦·布朗实验中投票的观众一样，心里会想：我只不过是投了微不足道的一票，那么多人都投票了，要怪也得怪他们。

时机和地点

最近的研究表明，网络欺凌在人们报告的欺凌事件中只占很小的比例，尽管它们的破坏性不容小觑。大多数恶霸还是选择“亲力亲为”，毕竟，看着对方的眼睛踢打对方，比拿着手机发帖子更过瘾。

欺凌者通常会搜寻他们的发泄对象（这就是欺凌往往有预谋的原因），不过这种事情也不排除时机因素。不难想象这样一幕：在一所高中的课间，一个恶霸在走廊里和另一个人说话：“切！那个老师无聊透了，数学就是垃圾，看到数字我就头大……哟，看！拉姆斯登从那边跑来了，像个傻子似的，我看着就烦。喂！拉姆斯登，你给我过来……”

那么，哪些地方最容易发生欺凌呢？我在 2016 年做了一项调查，询问了 2300 多名中小学生，70% 的孩子说自己在学校里曾被欺负过，事情就发生在教学楼里。也有一些孩子说他们在其他地方被欺负过，但教学楼里是最容易遇到恶霸的地方。排在第二位的是“学校的操场上”。也就是说，操场是欺凌事件的多发地。

欺凌事件在布朗芬布伦纳生态图中的所有圈子里都有可能发生，对于受害者来说，欺凌在他们的生活中几乎是无孔不入。而随着网络欺凌的发展，受害者在任何时候都有可能受到攻击。对一些受害者来说，他们必须时刻警惕。

然而，学校可以说是恶霸们的“风水宝地”，受害者和“观众”都被困在象牙塔里学习，恶霸们正好有机会大显身手。学校的课程表不仅可以帮助老师和学生知道自己什么时候到哪里去上课，还提醒了恶霸们几点钟到哪间教室去欺负受害者，在课程表的帮助下，他们屡屡得手。被欺负的孩子们说，欺凌常常发生在教室里、走廊里，往往发生在老师还没来到教室或是课间休息时，也就是在孩子们无人监管的时间段。

对于那些想要保护孩子的反欺凌者来说，可以通过课程表、日程表来考虑孩子们可能在哪些地点需要被帮助，在什么时候需要被重点监护。

总之，只要我们记录自己的想法和感受，就会清楚地发现，欺凌已经成了社会的一部分。几个世纪以来，“bully”这个词的意义已经从朋友和向导转变成了制造痛苦和不幸的坏人，欺凌也不再只是为了取乐，它还成了一种操控社会动态的方式。就像达尔文写的那样，欺凌者已经“适应并进化了”。欺凌者善于利用他们的环境，而手段也越来越有创意，他们利用网络实现“远程欺凌”以满足他们的需求。欺凌者是一种机会主义的生物，他们总是在寻找更多的受害者，以支撑他们脆弱的自我和摇摇欲坠的自尊。

为此，让我们把注意力转向欺凌者本身。我们必须打开“温室”的门，走进去。只有这样，我们才能了解欺凌者的内心世界。

第四章

欺凌者的内心世界

通过与他人无数次的互动，

有些人开始坚信，

欺负他人不仅是应对世界的一种恰当的方式，

而且是一种必不可少的方式。

CHAPTER FOUR

正如我们在前面反复提到的，本书中的“温室”是一个比喻，指从不同角度看待事物。透过这座玻璃房我们可以360度地、由外向内地观察屋中的孩子。人们往往倾向于远远地指手画脚，埋怨、指责房子里的孩子给别人带来了烦恼。批判一个人是很轻松的事情，只需要动动嘴皮子。毕竟，就算绕着温室看8圈，里面还是那个恶霸。

然而，经验一次又一次地证明，外部的批评和舆论的谴责并不能改变人们的处境——无论是对于温室外的观察者，还是对于温室内的怒目而视的恶霸。作为外部观察者，我们往往是只顾着生气，而忽略了温室里那个孩子，他不仅仅是一个恶霸，还是一个“爱欺负人的孩子”。因此，当我在这本书中提到“恶霸”这个词时，即使是为了幽默，也有一个前提，那就是我从没忘记考虑标签背后的孩子，首先把他们看作孩子——因其“欺凌”行为而被人用“恶霸”这个名词来称呼的孩子，然而这个标签远远不能代表他们的全部。

如果想深入了解这些孩子的内心，帮助他们做出更好的选择，那么我们必须换一个视角，这是关键的一步。正是他们的人生经历——他们的遭遇——把他们塑造成了一个需要欺负别人的人。没有天生的恶霸，他们的行为方式很可能是环境造就的。我们每一个人在出生时只有3种基本需求，但经过微观系统层面上的相互作用，再加上外层系统的强化以及宏观系统的影响，才会逐渐认为欺凌是一种挺有用的工具。在我们的温室里，就有这样一个孩子，他“悟出”了应对这个世界的大道理，那就是“进攻是最好的防御”。所以，如果我们走进这座温室，转到“小恶霸”的身后去看看，我们可能会看到这样的景象：

为了更好地了解“小恶霸”们内心的想法，我们将用这一章来探索两件事情：

1. 心理学研究是怎样描述一个喜欢欺负人的孩子的？

2. “小恶霸”们自述的心路历程是怎样的：他们怎么看待自己的行为？他们为什么要那样做？

倾听孩子们的声音

在详尽地探究“小恶霸”们的内心世界之前，我来稍微解释一下我使用的信息资料的来源。对一些研究工作来说，研究人员首先是埋头读书，然后把读到的全部信息资料进行整理和归类，通过比较不同组别的信息来提出主张。这种研究途径被称为“元分析”，运用这种研究方式，可以观察不同的研究人员对某一个主题的看法，了解这个主题的内容含义。这有助于研究人员充分了解某个主题的研究现状，但它不一定是最具成效的研究方式。

元数据（元分析中得到的信息）是从二级信息（甚至是三级信息或更糟的信息）中派生出来的。尽管二手资料有一定的价值，但是最有价值的信息也许是从研究的核心对象那里直接获取的信息，也就是第一手资料。在研究一些孩子为什么要欺负别人这一问题时，最好是直接问问欺负人的孩子。与人面对面交谈的确存在一些固有的问题，但是听孩子们自己解释自己的行为对研究来说是至关重要的。

本章试图从欺凌者的角度来探讨欺凌行为。收集和使用孩子们自己的理由和意见是十分重要和有价值的，只有我们给他们机会说出自己的想法和感受，我们才能合理地、充分地从欺凌者的角度来理解欺凌行为。可是，孩子们对事件的描述在多大程度上是可靠的呢？孩子们能否充分理解自己的情感呢？他们能不能准确描述和解释当时的感受呢？这里提出了几个关键的问题——孩子们的回忆能力、情感认知能力和个人感知能力是怎么样的。这些能力在很大程度上关系到孩子们对问题描述的有效性。

但我们依然要让孩子们参与研究，而且在研究中要克服成人与孩子们之间的权力和地位差异。如果我们能够克服这些困难，那么我们就会进入一座信息宝库，其中许多信息将很好地帮助我们了解孩子们在认知、动机和态度方面的变化，这些将帮助我们读懂一个孩子欺负另一个孩子的动机。

欺凌者的内心世界

正如我们在前一章中谈到的，20 世纪 70 年代初，丹·奥维尤斯首次真正地从研究的角度描述了欺凌，他调查的欺凌者都是中学里欺负同学的男生。奥维尤斯的叙述具有较大的局限性，事实上，关于“他们是谁”的考量，很大程度上取决于“他们做什么”以及同样重要的，“他们如何做”。但在很多方面，这仍然不足以支撑我们去思考如何帮助那些欺负别人的孩子。我们必须在研究清单上添一项“他们为什么这么做”。为了更好地探索这个重要的问题，让我们先回顾一下社会支配理论。

回顾社会支配理论

社会支配理论设想有一种基于进化发展的非常复杂的社会动态，它激励个体在社会环境中争取支配地位。可以说，欺凌现象是社会群体自身组织方式的自然后果。这一理论表明，繁荣的社会往往建立在等级森严的社会结构基础之上。在我们社会结构的顶端，有强大的领导群体，也就是西达纽斯和普拉托所说的“霸权群体”，在他们的下面是社会的下层人群，被称为“消极参照群体”。

这两个群体之间的关系和互动造就了社会现在的样子。需要特别注意的是，在这些群体中，有一个“行为不对称”的过程，即弱势群体对强势群体有着一贯的顺从性。也许不是每一个人都会这样，但强势群体的行动会得到更强有力的支持。

少数人的自我设限促使了社会等级秩序的合法化，他们接受社会把人分成三六九等的现状。面对环境，他们麻木冷漠，“习得性无助”（下一章将详细探讨），通过这样的态度和反应，一步步强化自己的弱势。换句话说，强者维持着一种权力动态，这种权力动态侵蚀着弱者想要改变命运的信念，以此加强霸权群体的力量。欺凌的定义中包括持续的权力不平衡元素，权力动态在这里非常突出。欺凌行为不等同于攻击行为，区别在于欺凌行为利用了权力不平衡，就像我们不能说职业拳击比赛是典型的欺凌事件。

重要的是，我们要运用这个理论去思考，在一个孩子的成长道路上，有哪些重要的因素让一个孩子决定通过欺凌的方式来解决他遇到的社会问题。在第二章我们探讨了儿童成长的一些重要因素，例如依恋关系以及一些促进情感发展的重要里程碑。在本章，我们将就这几个方面进一步拓展，探究为什么从父母那里得到无条件的爱是如此重要，为什么未能和父母建立依恋关系对孩子的社交互动和社交关系发展是致命的。

人类先天需求理论

婴儿出生时只有3个基本需求——没有疼痛，远离寒冷，免于饥饿。对于生存，这是一个不错的起点，但也可以说是一个非常基本的起点。虽然满足基本需求就足以让一个生命体存活下去，但考虑到人类大脑的复杂性以及人类与环境相互作用的密切性，这3种基本需求在人们生活中的主导地位是有时限的。一旦这3种基本生存需要得到了满足，人类的大脑就会产生其他需求，只有这些需求同样被满足，一个孩子才能够心满意足地茁壮成长。可以这么说，要保证人类那极其复杂的大脑“马力全开”，还需要一些额外的东西。

人类先天需求理论由乔·格里芬（Joe Griffin）和伊凡·提利尔（Ivan Tyrell）于20世纪90年代提出，目的是说明人类生存的需求是有深度的。格里芬和提利尔认为，人类生来就有更多的“既定需求”。他们提出了9种侧重于情感成长方面的可识别的需求，这些可不是简单的生理需求（如食物、水、空气和必要的睡眠），毕竟这些需求只是能够让人活着而已。与大家经常援引的亚伯拉罕·马斯洛（Abraham Maslow）所描述的需求层次理论不同，这9种需求中的每一个都具有同等的重要性，并且可以任意调换顺序。

安全

“安全”有多种形式，需要注意的是，“安全”不仅仅指身体上感到安全。在学校环境中，“安全”的内容更为复杂，包括在情感和社交方面感到安全。在课堂上，有些老师用讽刺或奚落的方式来管理和教学，孩子们会觉得受到了威胁，甚至会觉得被老师欺负了。

很久以前，我曾旁听过五年级的一节数学课，老师是这样上课的：

“好，同学们，我们来回顾一下 5 的乘法。5 乘以 6 等于多少？格雷厄姆（不是真名），你应该知道的，告诉我 5 乘以 6 等于多少？”

“呃，是 28 吗？”

“什么？28？你难道不知道这错了吗？！你到底听没听讲？谁来告诉格雷厄姆……对，玛琪，你是对的。看来格雷厄姆今天回家要复习复习这个了。不管是谁，到了五年级，要是连 5 的乘法都还不会，那还学什么学！现在还有谁来告诉我 5 乘以 8 等于多少？”

不出所料，很难有学生去主动回答。这种教学风格容易伤害孩子的情感，会让孩子变得敏感、谨慎、患得患失，他们没有足够的安全感，不敢举手尝试。在这种情绪状态下学习，会影响孩子在学校的适应能力，而且如果没有相应的保护措施帮助他们免于羞辱，他们可能会转而求助于欺凌行径。（我在课后和这位老师谈了话，并把我的观察结果反馈给了班主任。）

孩子们在学校的社交环境中很容易感到不安全，尤其是当他们不够自信或社交技能不足以应付校园里复杂的关系时。再说一次，一个孩子可能会将欺凌作为应对学校环境的一种方式。对于一些欺负人的孩子来说，这可能是他们在学校的社会阶层中立足的方式，他们可能在学习上没有安全感，所以通过欺凌行为来增强自己的安全感。

自主和掌控

格里芬和提利尔还提到，能够掌控自己的感觉对于一个人保持情绪健康是至关重要的。在他们的理论体系中，“自主和掌控”是一种能够对自己的生活做决定的感觉。学校有一套掌控预期的体制，在这种体制下，决策阶层将学生置于了社会结构的最底层。作为学校里的“底层人群”，欺凌使一些孩子感觉对发生在自己身上的事情拥有了更大的自主权和掌控力。在这种意义上，欺凌扮演了一种平衡和矫正机制。在很多方面，一些孩子对欺凌产生了错觉，以为这么做就能更好地掌控自己的校园生活，就像一个木偶控制另一个木偶一样。

想要帮助那些喜欢欺负人的孩子，与他们建立互动，我们首先应该识别学校里（毕竟每天都要面对）哪些事情是他们无法掌控的，哪些事情是他们可以掌控的，然后在这基础上帮助他们更好地掌控自己的生活，获得内心的平衡。掌控和安全密不可分，这也是为什么那么多人害怕乘坐飞机的原因。坐在一个金属罐子里（尽管是一个非常精密的金属罐子！）在一万米的高空飞行而完全不能控制这个过程，对于一些人来说，这感觉实在太不可控、太不安全了。

在人类的先天需求中，“自主和掌控”这一元素还指一个人对重要选择的掌控感，包括保护自己、拒绝不愉快要求的需要以及能够做出选择以提升生活（比如选择上学的能力）质量的需要。这些正是1989年联合国《儿童权利公约》（UNCRC）通过其尊重权利的多方面议程所要实现的核心目标。

地位

即使对很小的孩子来说，拥有一定的地位也是很重要的。在我5岁的时候，我的弟弟还没出生，奶奶来和我们住了一段时间。为了给她腾出房间，我的父母让我去两个姐姐的房间挤一挤，杰基是我的双胞胎姐姐，卡罗尔那时9岁，是我们中的“孩子王”。在那段时间里，为了拥有自己的地位，卡罗尔精心制定了一套规定，倒霉的总是我。

两个姐姐的房间里有一张上下铺和一张小单人床，卡罗尔睡上铺，杰基睡下铺，我睡旁边的小单人床。临睡前，我们会躺在各自的床上看半小时漫画，到睡觉时间妈妈就会在楼下喊：“关灯了，孩子们！”

星期一：

卡罗尔：“好的，妈妈。”卡罗尔然后转向我：“格雷厄姆，既然你来这里睡，我们就轮流关灯吧，今晚你去关，明天换我来。”

格雷厄姆：“哦，好的。”

星期二：

卡罗尔：“好了，妈妈喊关灯了。格雷厄姆，你去把灯关了。”

格雷厄姆：“可是，昨天是我关的啊。”

卡罗尔：“是的，因为你昨晚关灯了，所以今晚还是你关。明天再换我吧。”

格雷厄姆：“哦，好吧。”

星期三：

卡罗尔：“时间到了，格雷厄姆，关灯。”

格雷厄姆：“可是我已经连续关两天了，你说过今天换你的呀。”

卡罗尔：“不，如果你昨晚关灯了，那你今晚还得关灯，这是规矩。明天我来关。”

格雷厄姆：“好吧……”

不用多说，每天晚上关灯都是我的差事，而且在接下来的两年里，每晚我都尽职尽责。我真的不介意这么做，因为我是这个房间规则的一部分，我觉得我属于这个房间。这个平凡而又重要的角色让我每天晚上都不得不从床上爬起来，还要在黑暗中摸索着回去，我以这样可怜巴巴的方式，在这个房间里拥有一个地位。卡罗尔在这个房间里是“独裁统治者”，而我是一个彻头彻尾的“消极参照组”成员。这是欺凌吗？我不这么认为。我确实没有觉得自己被欺负了，现在回想起来，我相信如果我拒绝的话，卡罗尔或杰基会去关灯的，只是我从来没这样做过。

对于许多经常欺负人的孩子来说，攻击性行为给了他们一种强烈的存在感，在中学校园里情况尤其如此。从小学过渡到中学，孩子们不仅要熟悉新的建筑、适应新的惯例、面对新的期望，而且还要驾驭一套全新的社交制度。到小学六年级末时，大多数学生很可能已经非常清楚自己在小学校园社交结构中的位置，但是进入初中后一切都是陌生的。摆在初中学生面前的挑战可以说是五花八门，这对于那些之前在小学处于或接近社交上层的孩子来说尤其重要。他们需要重新规划战线，迅速建立新的等级秩序。这时，“孩子王”们一决高下，其他孩子选择立场。

我们身处各种社会群体中，感到自己被大家接受、被重视，是我们确信自己能够融入其中的重要元素之一。许多人都能开开心心地融入他们所处的社会群体中，但有些人需要在地位受到挑战时重建自己的地位。当周边村镇小学的孩子升入城里初中时，那些原本在初中学校里就喜欢欺负人的孩子，或以前在村镇小学里称王称霸的孩子，可能会觉得有必要在新环境中重新确立自己的地位。

个人空间

拥有沉思的时间和空间对情感养成很重要，因为这有助于反思和强化我们的经历。在这样的时候，一个人可以反思自己的行为和经历的事情，并（有希望）从中学习。这对许多人来说是件好事，但对有些人来说，这类反思的过程可能充斥着痛苦的想法和回忆。当一些孩子意识到自己错失机会或者正在经受内心的煎熬时，他们很可能会欺负别人。

对一些孩子来说，拥有沉思的时间和空间只会让他们心理更加不平衡，这种情况需要调解。学校应该为他们提供时间和空间来反思和化解痛苦的感受，并且应该以一种更主动的方式来提供帮助，例如学校辅导员或心理健康工作者集中进行情绪干预。这样做的目的是帮助那些“小恶霸”们学会以更好的方式来反思和应对不愉快的想法和感受，并帮助他们学会在面对困难和挑战时能够自我调解，哪怕是他们做出一点点改变也好。

关注

寻求关注在行为学中并不是什么新鲜事。然而，格里芬和提利尔提出了两个过程——要求他人予以回应以及对他人予以积极关注。他们指出，真诚、积极地关心他人不仅能够提高个人的同理心水平，也有助于增强个人在一个群体中的归属感。

这一方面很难改变，因为学生很可能从很小的时候就明白，调皮捣蛋比乖巧懂事更容易吸引注意。寻求关注的行为很可能会受到家里兄弟姐妹数量以及孩子在家庭中的地位的影响，可见，指导干预欺凌问题的教育工作者要尽可能多地了解学生的情况。

与更广泛社群（大环境）的关联

这是人类先天需求理论中一个很有趣的内容，这里不需要详细探讨，因为我们在前面的篇章中已经介绍了很多。我们可以看到，欺负他人的孩子利用自己“小恶霸”的身份与学校社群建立关联。一些“小恶霸”满足于在社群中扮演任何角色，即使是一个负面角色，只要能引起关注，他们都乐意。还有一种可能，假如这些“小恶霸”能得到足够的支持（无论是直接的行动支持，还是没有付诸行动的间接支持），那么他们只会看到欺凌行为带来的利益，而忽略这种行为的害处。

依恋关系

在这里提到依恋关系，看上去怪怪的，因为它似乎是欺凌的对立面。然而，如果将依恋关系描述为友谊、快乐和爱，那么我们就可以初步理解，一些在家里得不到依恋关系的孩子，可能会通过威胁和恐吓他人来发展自己的亲密关系。依恋关系的核心是信任，从这个角度出发，似乎可以理解依恋关系和欺凌之间的“带刺的纽带”是如何形成的。

信任与情感上的安全感有关，如果一个孩子没能与父母之间建立信任关系，他可能就会利用欺凌来与他人建立关系。一些误入迷途的孩子通过攻击行为来与他人建立关系，欺凌成了他们建立关系的唯一途径。

能力与成就

在小学校园里，欺凌现象一般会在五年级时达到顶峰，这是因为大约在这个年龄段，孩子们开始具有更强的元认知意识。元认知是一个人对自己的思想感情和他人的思想感情的认识。当孩子们走过以自我为中心的儿童时期，他们就会踮起脚尖看到童年篱笆之外的风景。这时，他们会将自己的知识水平和理解能力与他人比较，会强烈地意识到自己在能力和成就方面所处的位置。

这种元认知意识可能会让一些孩子感到非常不安。在一些孩子眼里，所谓关系就是要超越、支配、压倒，当他们发现自己不如想象（或希望）的那么好，会感到非常震惊。这可能是这一阶段需要解决的问题。对一些学生来说，欺凌是用来平衡这种落差感的反应机制。理解这种类型的情绪失衡，对于我们去帮助那些欺负人的孩子是很重要的，因为正是这种内心的“痛处”让他们有了欺负人的需求，我们可以通过考虑这一点来帮助他们与痛苦的感受和解。

意义和目标

人类先天需求理论中的最后一个要素是“意义和目标”，这是每个人的人生都需要的。这与米歇尔·波巴的观点相似，她的自尊理论认为，人生在世都有一个使命，知道自己要去哪里是十分重要的。格里芬和提利尔指出，每个人都需要在情感和精神上得到成长，并能够为未来设定有意义或挑战性的目标。

一个对未来没有目标的人很容易陷入无助，对未来感到绝望，纠结于眼前的事。这种只顾当下的心态会导致一个人缺乏长远考虑。在这种心态的支配下，吸毒、酗酒、故意破坏或偷窃就都不是什么大不了的事了，因为既然未来没有幸福可言，那不如及时享乐。很多人倾向于相信“活在当下”，对于那些只顾眼前利益的年轻人，我们需要帮助他们学会为未来制订计划，懂得情感投资的价值，理解“延迟满足”的概念。正如我们在《来自星星的孩子》里讲过的，青少年的大脑会热衷于寻找短期的刺激、喜欢冒险，我们应该花费时间和精力来引导孩子们从短期思维中走出来。

人类先天需求理论对我们研究欺凌非常有帮助，因为它帮助我们思考在哪些情况下，欺凌可能成为一个人填补社交和情感空缺的手段。我们将在第七章讨论如何对欺负人的孩子进行直接沟通引导，那时会再次用到这套理论。在这里，我们先了解一下人类先天需求理论和心理健康之间的联系。

与心理健康的联系

近年来公众对心理健康问题的关注度越来越高，这种关注反映在研究领域表现为对焦虑和抑郁问题的研究越来越多。焦虑和抑郁可以说是当今最常见的两种心理健康问题。随着公众对心理健康关注度的提升，人们对正念疗法的兴趣也在上升。

我们将在第五章通篇讨论心理健康问题，我们先用一点篇幅来看看人类先天需求理论是如何与可能存在的心理健康问题联系在一起的。这里需要澄清的是，我并不是说所有欺负人的孩子都有心理健康问题。然而，“欺负他人的心理需求”与社交和情绪处理的失败之间有着很明显的关联。研究还表明，欺负别人的孩子往往也是欺凌行为的受害者，一些数据表明，三分之二的欺凌者都是如此。

这个情况本身就很重要。要理解“小恶霸”们所处的困境似乎并不难，因为他们内心的那份敌意在促使他们欺凌别人的同时，也伤害了他们自己。而一个欺负他人、又伤害自己的孩子，在生活中更容易出现长期的心理健康问题。因此，人的先天需求、欺凌行为和心理健康之间的联系是切实存在的。

除了上文列举的 9 个因素之外，人类先天需求理论还指出，有 3 个原因可以解释人们为什么不能满足自身的基本需求，以及为什么需求得不到满足会导致长期心理健康问题。环境、损伤和知识这 3 个问题是人们满足自身的基本需求道路上的障碍。

环境

对我们当下讨论的问题来说，这并不算别出心裁。很明显，我们所生活的世界塑造了我们。如果环境是有毒的，那么它的毒性就会浸入我们的内心，影响我们的精神状态。正如我们多次谈到的，欺负他人的孩子自己也经常被欺负。不难看出，如果一个孩子生活在一个攻击成为常态的环境中，那么他们的许多需求就很难得到满足。

损伤

我们在这里所说的损伤既包括身体损伤，也涉及大脑的运行故障。换句话说，大脑的正常功能是有生物学基础的，生理上的损伤可能会妨碍或限制正常的情感发展。有些时候，这类损伤是受虐待或受创伤后应激障碍造成的影响。如果一个人在成长过程中缺少父母的陪伴和教养，往往会导致大脑在生理上受损。在这种情况下，大脑的“条件反射”功能没有得到正常的发展，无法对日常情况做出社会可接受的情绪反应。

知识

最后一个原因指缺乏处理特定社会问题所需要的社交技巧、情感技巧和资源。例如无法寻求帮助，也可能涉及更复杂的情况，比如缺失必要的想象力，无法从另一个角度思考反复出现的问题。这些“缺陷”通常是认知行为疗法、正念疗法等方法关注的焦点。

现在，我们已经大致了解了人类先天需求理论所提出的对心理健康发展很重要的几类需求，这对我们研究先天需求的缺失如何导致孩子产生欺负他人的欲望是很有帮助的。

先天需求的缺失

安全

从我个人对欺凌现象的研究经验来看，我可以声明，那些承认欺负过别人的学生认为，缺乏安全感是他们选择欺负别人的最重要原因之一。他们扭曲的逻辑是，欺负他人会让自己觉得学校更安全。他们将学校看作一个危险的地方，他们的身体安全和心理安全都受到威胁。孩子们在学校里的确有可能会敏感脆弱，这促使他们感到有必要为此做些什么。

这就出现了一个困境。那些将学校视为危险之地的学生，不可避免地会做出逃避或者反抗的反应。学生们很容易产生这样一种观念：学校就是这么一个地方，要么欺负别人，要么就被别人欺负。这个简单的规则自带循环模式。这里的关键问题在于，是学校环境迫使孩子欺负别人，以便他们能在所感知的敌对文化中生存下来，还是欺凌行为制造了敌对氛围，致使他们变本加厉地欺负别人。可以这么说，由于欺凌者感知到了环境的威胁，所以就会摆出一副攻击的架势，制造出一种侵略的氛围，这样他们就能在这种环境中生存下来，而这种氛围反过来又会引发敌意。英国约克郡的一些研究人员探讨了这一理论，称其为“连锁反应”。

在本书的后半部分，我们将探讨如何改变校园环境以减少欺凌事件的发生，届时我们还会分析“连锁反应”。在这里，我们先简单介绍一下这个理论。下图中，箭头表示负面情绪的转移，从中心开始向外扩散。

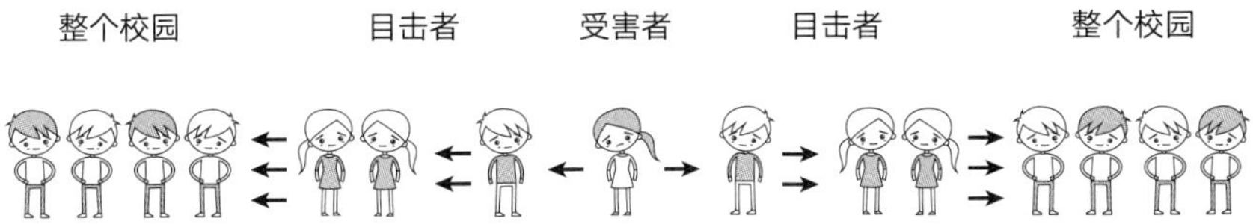

从图中我们可以看到，欺凌事件经常被周围其他孩子看到，而且很快就会传遍班级、年级，随后会成为校园里的热门话题。如果一所学校里的欺凌事件层出不穷，这些话题还会传播到校园外，附近居住的人们会对这个学校议论纷纷，讨论其中的欺凌问题，久而久之，这所学校就臭名远扬了，大家提起这里就会联想到欺凌。

我刚刚进入教育心理学行业时，得到过一所中学的资助，我们暂且称其为“海伦地球中学”（在英文中，跟“人间地狱中学”类似）吧。这所学校位于一个大城市的郊区，有很多附属小学。海伦地球中学的名声显然不太好，在从当地很多小学生家长口中听到各种各样耸人听闻的暴力事件后，你可以理解，我第一次走进那所学校时心里是七上八下的。

可见，欺凌的“连锁反应”对欺凌者、受害者以及欺凌事件的围观者都有同样的回弹效应。如果我们从这种回弹效应的角度再看看这张图，就会明白为什么校园里的欺凌现象会如同一个愈演愈烈的大旋涡。这个“欺凌龙卷风”的正中心，正是我们刚刚讲过的“安全”。

欺凌者最初表现出的攻击行为会营造出一种恐吓的气氛，这种气氛会影响到校园里每个人的情绪基调，包括欺凌者自己。接收到周围传来的紧张气氛，欺凌者会更坚定地认为自己在学校是不安全的，便会认为更有必要通过欺凌行为来保护自己。

虽然这种连锁效应在一定程度上解释了为什么学校里的“小恶霸”们会产生并且不断增长欺负别人的欲望，但它并不能帮助我们理解为什么有些孩子会选择欺负别人，而大多数孩子不会。接下来，我们会继续谈论人类先天需求理论，届时会逐渐发现其中的原因。在探讨之前，有必要提醒一下，有些学生天性敏感，无论学校环境如何，他们都更容易捕捉到威胁的气息。觉察到环境不那么安全，他们就认为更有必要依赖已知的社交技能来处理社交问题。对大多数学生来说，他们的成长经历给予他们的社交工具是求助他人来解决困难；但对另一些人来说，他们能依赖的唯一资源是攻击和恐吓。

自主和掌控

掌控感和安全感这两个元素在我们的整体幸福感中占据着重要的位置，我们在生活中不断学习着什么是可以掌控的，什么是无法掌控的。所谓压力管理方法以及许多试图解决焦虑的方法，都是为了帮助人们在能掌控和不能掌控之间找到现实的平衡。

当我们出生时，我们几乎无法控制发生在自己身上的事情，我们需要向养育者发出信号，并希望自己能得到满足。随着渐渐长大，我们逐渐会学着去理解现实生活中有多少事情是我们可以掌控的。我们必须知道，在人生旅途中，我们在多大程度上是司机，或者在多大程度上是后座上的乘客，能做的就是欣赏风景。举个例子，父母圈里有一种很流行的说法——“可怕的 2 岁”，接着是“麻烦的 3 岁”，更不用说“让人崩溃的 4 岁”以及“气死人不偿命的 5 岁”，还有“怄气的 6 岁”和“刁蛮的 7 岁”，似乎永远说不到头。然而，知道什么是能掌控的、什么是不能掌控的，对我们的幸福来说很重要，对在漫长而坎坷的人生道路上享受更美好的旅程来说很重要。

不过，如果能够妥善处理孩子的叛逆行为——也就是说，当我们的小宝贝一听到“不行”这个词就满地打滚时，我们不要每一次都屈服——随着孩子慢慢长大，他们就能学会适当放弃一些控制。

到上学的时候，大多数孩子已经懂得并且可以把部分掌控权交给别人，而且会感到很安全。举个例子，当我的两个儿子还小的时候，我们经常带他们去海边度假，路程很远，至少要开 6 个小时的车。作为司机（通常是我），既要保证安全，又要兼顾速度，的确有点辛苦。我们以每小时 110 公里的速度在高速公路上飞奔，我的两个儿子悠然自得地坐在后座，大概每隔半小时就会百无聊赖地问一句“我们到了没？”每次都是如此，我已经习惯了。

然而，直到有一次我们带一个朋友的孩子一起去海边，给了我一次全新的体验。这个新来的小乘客坐在我两个儿子的中间，每当我试图超过旁边的车或是旁边的车超过我们时，他就会尖叫、发抖或抱怨。

在乘车的大部分时间里，这位小乘客表现得都好像是被绑在牙医诊所里，面对着牙医手里嗡嗡作响的电钻似的。好不容易到达了目的地，我感觉身体被掏空，一想到还要返程，我就发愁。好在我想出一个妙招，让几个孩子在海边玩到筋疲力尽。到了返程时，除了我，所有人都睡着了。虽然这位小乘客可能只是不习惯在高速公路上乘车，但这个故事的重点是，有些人很难相信别人会保护自己的安全，这种感受很可怕。不管你待在多么热闹的环境里，如果你感觉不能把控自己的安全，你就会被困在逃跑、对抗或惊恐的思维模式中。对一些学生来说，学校就是这样。

这种对威胁的自然反应与校园欺凌有着密切的关系，欺凌行为剥夺了受害者自主和掌控的感觉。遭遇欺凌的人失去了安全感，也失去了保护自己安全的能力。更重要的是，他们失去了对自身环境安全水平的把控能力，会一直担心碰到欺凌者。对一些人来说，唯一能让他们放松、心安的途径就是获得掌控感。

在这个问题上，父母的养育方式很重要，如果父母在养育过程中缺乏一以贯之的原则，经常朝令夕改，就会导致孩子缺乏安全感。有暴力倾向或过于严苛的父母培养出的孩子会表现出明显的危机感，他们对可能来临的危险充满了恐惧，没有信心保护自己。如果父母太过软弱，没能让孩子拥有安全感、控制力和自主意识，那么孩子可能会在其他方面找机会矫正这种失衡，比如到校园里去寻求这样的机会。

借助欺凌行为寻求掌控感会增强孩子扭曲的信念，这让他们感觉自己能够在险恶的环境中（譬如学校）保护自己。这是一个不容低估的问题，我们需要展开探讨一下，这将帮助我们理解为什么有些孩子会选择欺负别人，而有些孩子不会。此外，探讨这个问题还有助于思考如何帮助欺凌者找到更好的方法来疏导伤害他人的心理需求。

欺凌者的想法

我们已经详细地探讨了早期经历会塑造人们看待周围世界的方式。这是一种心理学现象，从本质上说，心理学就是研究我们如何学习去理解我们周围世界的，以及这一过程如何影响我们做出决定的。自西格蒙德·弗洛伊德开始，这一直是心理学领域一个炙手可热的主题。精神分析理论为我们理解这个过程提供了一些工具，其中一项被称为“投射测试”的实验很有启发性。在这项实验中，研究人员分发给实验对象一些词语或图片，并要求他们按照一定的方式对这些刺激做出反应。按照精神分析理论，他们的反应方式映射了他们内心 / 思维的运作方式。让我举例子来解释一下：

我会给你看一些图片，请说出你想到的第一个词，比如我说是“猫”，你可能会说是“狗”。我们再多试几个。我可能会说“妈妈”“小汽车”“花园”，你可能会回答“爸爸”“货车”“花”。但是，如果你的答案类似于“老人”“撞毁”“杂草”，或是“痛恨”“生锈”“荒败”，那么就要引起注意了。

在投射测试中，我们观察的是应答模式。有的投射测试很简单，如上面例子中回答的一个词语，有的投射测试比较复杂，如TEMAS方法，意思是“给我讲个故事（Tell Me a Story）”。这类测试通常是给实验对象看一张图片，让他们描述这张图片中发生了什么。图片是带有中立情绪的场景图片，怎么解释都说得通，可供实验对象任意发挥。例如，画面中有一个成年人和一个小孩坐在公园的长椅上。

有的人可能会说：

“这是一位妈妈，带着她的孩子在公园散步，他们正在商量接下来去哪里玩。”

有的人可能这么说：

“这是一位爸爸，他正在跟孩子说，他们要离开这里了。”

甚至还可能有这样的回答：

“一个陌生人看到有一个小孩独自坐在那儿，他想把这个小孩骗走！”

这个测试的重点是，接受评估的人会把他们对世界的理解投射到一幅本身不含褒贬意义的画面上，这是由于每个人拥有不同的经历，会用不同的方式来解释事情，每个人似乎都在透过特定的滤镜来观察世界。在第五章中，我们会更详细地探讨这个观点，看看这种滤镜是如何影响欺凌者的思维和行为的。

地位

我们都需要归属感和被爱的感觉，这已经刻在了我们的基因编码里。拥有地球上最高级的大脑（就我们所知）的缺点是，我们的大脑需要一定的时间才能发育成熟，释放潜能。在生命最初的几年里，面对这个纷繁的世界，我们获得安全感的方式是寻求养育者的关注。在婴儿期，我们用大声哭闹来引起父母注意，用这种方式求取喂养、换尿布、拥抱。父母的关注让我们觉得自己很重要、有地位。在我们的成长过程中，前 5 年的经历会让我们认识到自己有多重要，以及我们的需求能在多大程度上得到满足。在超市里，我们经常能遇见得不到想要的东西就满地打滚、大哭大叫的孩子。我在心理辅导工作中遇到过一些更难对付的孩子，他们的父母满足了他们每一个要求，还错误地以为这样做会让生活更轻松。

有一次，我接访了一名“很难伺候”的小男孩，他已经 6 岁了，每天早晨还得让妈妈帮他穿戴整齐，而且至少要给他做两顿早饭，往往是妈妈刚刚按他的要求做好了早餐，他又改变主意要吃别的。他的妈妈常常抱着他去学校，或者用大号婴儿车推着他！这个小皇帝在课堂上经常拒绝做作业，告诉老师他到学校不是来写作业的，因为妈妈说了他可以玩一整天。不难想象，他几乎没有朋友。

孩子们往往很容易分辨是非曲直，虽然他们不太计较，很快就原谅或忘记了，但他们不会一直容忍同伴的无理要求。所以，这个男孩遇到了麻烦，小伙伴们都不喜欢他“明码标价”的友情，比如他会这样向同伴提要求：“你要是想跟我做朋友，你就去把××给我拿来……”有时不当的教养方式会误导孩子对于重要性的理解。我们的确会自然而然地事事以孩子为重，但必须要有一定的节制，适度给孩子灌输谦逊的意识。

地位和欺凌紧密相关，许多人通过表现出攻击性或者恐吓他人来获得重要感。现在的一些青少年会通过社交网络找寻自己的地位，一名女生曾告诉我，她的脸书（Facebook）账户有1400多个朋友。我问她是怎么做到和这么多好友聊天的，她轻蔑地挥了挥手：“嗨，哪有，我认识的没几个，这只会让我看起来很受欢迎！”

当欺凌被用作一种确立地位的工具时，它就变得很重要。正如我们前面所讨论过的社会支配理论认为，社会群体当中存在一种自然形成的阶层秩序。对一些学生来说，系统地利用攻击和恐吓可以达到强化这种机制的目的。人类的大脑不仅是生物王国中最复杂的，而且似乎还是最具有创造力和想象力的。我们确实是很可恶的生物，有些人会不惜一切代价来维持自己的地位。

个人空间

在探讨欺凌问题时提到这个元素似乎有跑题的嫌疑，但是且让我问你一个问题：这里有一个看上去很和善的陌生人，还有一个你认识的恶霸，你更愿意去跟后者交谈吗？研究表明，欺负人的孩子通常有这样或那样的社会问题和个人问题需要处理。以恶霸形象示人，大家就会自觉远离，这在某种程度上确实为欺凌者提供了一些个人空间。而这个元素的重要性就在这里。人类先天需求理论认为，我们都需要时间和空间来反思和思考。然而，对某些人来说，这未必是一种好的体验。

如果你是一个自尊水平较低的人，每天忧心忡忡，内心非常焦虑，有一大堆想法需要处理，你很可能不想要个人空间，因为独自一人时就不得不正视自己不愉快的想法。当你独自一人时，你没法争吵、没法炫耀，也没法假装很快乐，因为没人跟你互动，那么你就很难继续用虚张声势和攻击性来隐藏自己。

如果你对自己的看法类似这样：

在这样孤独的时光中，消极的情绪涌上心头，自怜和自卑感取代了欺凌。像这样的“欺负自己”往往会伴随羞愧的情绪。在很多情况下，欺负别人是为了分散注意力，缓解自己的抑郁。

所以，为了挣脱这种无力感，有些人开始利用欺凌这支笔，将上图涂改成下图的模样。这样一来，就好接受多了：

关注

在很多人眼里，被关注意味着被尊重，这表明自己有价值，受到了重视，人群中有自己的一席之地（与上面讲过的“地位”同理）。想要被关注，意味着对别人的言行有所期许。想象一下，我端着一把猎枪冲进银行，大喊“抢劫！所有人趴下！”我肯定是希望大家立即注意我，听从我的命令。如果所有人都完全无视我，或者转身嘲笑我，那么我就不得不重新考虑一下我的行动计划了。同样的道理也适用于舞台喜剧演员，许多笑星都说过，他们在舞台上都有过“想死”的时刻，因为他们讲的笑话没有人笑，或者更糟糕的是，该笑的地方不笑，不该笑的地方大家都笑了。欺凌者也是如此，对别人的言行有所期许。

如果我在数学课后走到班上一个新同学的面前说：“嘿！放学后我要打得你满地找牙，你死定了，废物！”然后我一边辱骂一边用手推他的胸膛，我期望看到他恐惧的表情，最好是哭哭啼啼地哀求。但如果很不幸，这个新同学抓住我的手腕，瞪着我的脸说：“要不要现在就试试，你这该死的！”这肯定不是我想要的关注和反馈的结果。而且，围观人群正屏息以待，看我要怎么收场。我会像台上那个喜剧演员一样尴尬，我的确得到了关注，但不是我想要的那种。

不过，恶霸通过欺负别人获得了另一种特殊的关注，他们感到自己更强大、更有权威，围观人群更认可了他们的地位。从恶霸的角度来看，有一点是确定的，那就是不幸的受害者在危难时刻会给予他们充分的关注，毕竟这就是恶霸获得情感滋养的方式。如果他们的“小跟班”们捧场给力，还会有更多围观者见证他们志满意得、呼风唤雨的模样。

与更广泛社群（大环境）的关联

的确，有些时候欺凌是暗地里发生的，欺凌者默不作声地威胁、伤害他人，可以说这是最糟糕的情况。然而，欺凌常常是一项“观赏性活动”，对一些恶霸来说，要的就是被围观。被大家称为恶霸，在这个纷繁复杂的群体中，他们就拥有了一个“社交身份”。直到今天，我还能记得当年我们学校的“校霸”，他是个粗暴的少年，身材魁梧，肩膀宽阔，下巴突出。

当时，我瘦得像根竹竿，那个男孩壮得像座宝塔，尽管他从没欺负过我，但我依然很害怕他。他忽略我，而我观察他，从我这个有利的位置来看，有趣的是，这名恶霸只关心他在学校里的名声。我在之前提到的那个故事中讲过，科学课老师不在的时候，他命令那个可怜的同学跳过课桌。这个身强体壮的学生很快就明白了他在学校的角色就是校园恶霸。不出所料，没有人真正怀疑或挑战过这一点。

依恋关系

当你还是一个需要被照顾的婴儿时，父母给你喂奶、拥抱你，这种幸福感会留在你的潜意识当中。依恋关系明显对健康有益，会给人带来幸福感、归属感和安全感，它对人类的成长和情感发展至关重要。

然而，一些孩子从未真正与父母建立依恋关系，他们很少，甚至从未感受和体验过这种亲密。在这种情况下，欺凌作为一种替代机制，用“另类的亲密关系”替代了真正的亲密关系——由爱和温暖滋养而成的牢固的人际关系。这类恶霸通过支配和恐吓他人获得安慰（即安全感）和掌控感。在这种情况下，恶霸通过反社会的方式与受害者建立关系，而不是用社交的方式来实现，毕竟与周围的人保持支配关系，总比冒险失去所有的关系后孤身一人要好。美国作家、家庭治疗方法之母维吉尼亚·萨提亚（Virginia Satir）曾说过，“比起不确定的折磨，大多数人宁愿选择确定的痛苦”。欺凌，说到底，是恶霸和受害者之间发生的密切互动。

能力与成就

多年来，有一种普遍存在的误解，认为只有因学习成绩差而自卑的孩子才会欺负别人。“你可能在阅读、写作和数学方面比我强，但我可以狠狠地揍你一顿！”这种对恶霸心态的描述曾经很有说服力，但这远远不是全部事实。

然而对于一些恶霸来说，情况的确如此。欺凌和压力是有关的，一些人会将攻击他人作为一种应对压力的机制。我们都需要确信自己擅长某件事，还会经常把一个人与他的成就、技能和能力挂钩。我上小学的时候，班上有个男孩会吹长号，老师会时不时地让他站到讲台上给我们吹几曲。尽管现在回想起来，那曲子听起来就像两头大象在吵架，可当时我是相当敬佩他，我很想跟他做朋友，而且也想像他一样厉害。中学时，我喜欢上了一个女孩，她弹得一手好钢琴，非常受大家欢迎。跟这些多才多艺的小伙伴们相比，显得我简直一无所长，但我还是非常佩服他们。不过，这种公开展示能力的做法，会让那些自尊受损、需要在校园激烈的竞争中证明自己的人感到恼火。这些人可能会向他们挑战，鸡蛋里挑骨头，尝试超越他们。用“欺凌学术语”来说，欺凌者需要纠正权力和地位的不平衡。

不过，在那些相貌好、智商高、运动能力强的人当中，总有极个别的人，即使已经取得了很高的成就，即使获得了令人艳羡的赞扬和关注，还是觉得有必要欺负周围的人。对这些“优秀”的人来说，欺凌是为了确保自己比别人更优越。为什么我们在新闻上常常看到一些顶级运动员（不得不承认，主要是男性运动员）被曝光参与街头斗殴，或者挑衅他人？

这种想要控制别人、倚仗自己的成就去羞辱别人的欲望，也并不是体育界人士所独有的。我最近在报纸上读到，有个人在预订酒店时命令经理告诉所有的员工不要看他，也不要和他说话。他觉得，以他的成就，只有少数大人物才配得上跟他接触。这是典型的觉得在自己的专业领域里要威风还不够的人。这些人似乎认为，擅长做某件事就有权利无视社交礼仪，似乎欺负别人是成功带来的额外权益。

意义和目标

在人群中拥有一席之地、在生活中拥有奋斗目标是很重要的。有些人从领导他人中找到意义和目标，有些人从帮助他人中寻求满足感，可是另有一些人通过破坏秩序、制造不和谐来找寻意义。还有一些人希望自己像隐士那样远离社会轻松惬意地生活，然而远离社交也会导致其他问题。我相信充实的生活具有实践性和规律性。不管你有没有意识到，你周围的人们往往在按照固定的模式生活。

我上高中的时候，每天早晨不得不换乘两次公交车去上学，晚上又同样要换乘两次公交车回家，每天在上学的路上要耗费 4 个小时。那时还没有手机，为了打发时间，我只好观察周围的人。大约一个月后，我发现我已经能够预测每天都有谁在哪一站上车和下车，那时我常常怀疑我将来也会陷入循环往复的生活中。直到有一天，我惊讶地意识到，我确实也和其他人一样走在同样单调的轨迹上。

看来，如果想取得成功并且拥有受人尊敬的奋斗目标，我们需要遵守一整套规则。在澳大利亚有一段时间，许多人认为当一个“淘粪工”是不错的目标，因为淘粪工是一个受人尊敬的角色，报酬丰厚，并且能为社区做出巨大的贡献。而当今社会普遍存在这样的问题：评价标准更多地倾向学业成就和商业成功，而不是努力和态度。

在大多数国家的教育体系中，教育的目的和意义都直接指向成绩。尤其孩子上了中学后，学业压力会很大，因为高中毕业后能不能进入大学以及进入什么水平的大学，都由成绩来决定。为了消化内心的屈辱、应对失望，一些学生会通过欺负别人建立社交地位。对许多学生来说，欺凌赋予了他们生活的意义和目标，并帮他们找回了平衡感。他们用行动告诉那些在学习上获得成功的孩子：你可能在课堂上能感到快乐和满足，但在课堂之外就不一定了。

那些在学习上遇到困难的学生需要尽早得到正确的支持和指导，否则有些孩子很可能会被绊倒在学习生涯的第一道障碍上。教师的职责应该不仅仅是教授知识、帮助学生反复巩固知识点，作为一名教师，必须同时将父母、护士、顾问和冲突调解员的身份融入教学技能和实践中。之所以对教师有这样的要求，是因为学校教育不断地把学生的能力和特质展示给公众，而对一些学生来说，这真的很痛苦。

性别差异

如前所述，在 20 世纪 70 年代初，当欺凌第一次被正式纳入研究课题时，丹·奥维尤斯研究了一些男孩在校园中伤害其他男孩的原因。在那个时候，人们几乎没有考虑到女孩也会欺负别人，后继研究者们很快就发现了问题并纠正了这一偏差。欺凌对女孩和男孩的心理健康都同样有害，我们绝不能忽视欺凌对男性的影响。

的确，大多调查数据似乎表明，欺凌者更可能是男性，受害者更可能是女性。过去 10 年的调查数据显示，无论在哪个年龄段，女性都比男性更容易受到欺负。男性倾向于速战速决地进行身体攻击，而女性则喜欢不急不躁地玩弄长期的心理游戏，她们孤立对方，利用社交手段羞辱和冷落对方。我曾经在调研活动中请 121 名初中生对一系列图片发表见解，后来我整理了所有的答卷发现，很明显的是，引起女孩最大的压力反应的是下面这张图片。

这个信息告诉我们，比起男孩，女孩更惧怕社交圈子，面对“小团体”时会感到被威胁和被攻击。在我们考虑学校的社交结构时，这一点很重要。如果一个女生没有足够牢靠的社交网络，而且经常形单影只，那么她在校园的很多地方都可能会遇到成群结队的孩子，这样的女生需要一个有效的计划才能通过“重重关卡”。在学校环境中，比起被欺负的男孩，遭遇欺凌的女孩要面临更大的社交困难。

一些研究数据显示，一些女孩会通过玩弄伎俩来实施欺凌，首先故意接近受害者，和她们交朋友，欢迎她们加入自己的小团体，然后再利用这种亲密的关系来套取关于她们的信息和故事，以便日后用来对付她们。

像这样背叛友谊、玩弄别人的信任也许是最阴险的欺凌手段之一。其实早在 20 世纪 70 年代，人们就认识到了这种社交动态，当时许多人说他们曾被“前朋友”欺负过。我上中学的时候就被一个小学时的朋友欺负过。虽然那次欺凌持续的时间不长，与我所知道的其他欺凌行为相比也算温和，但我清楚地记得那个过去的朋友当众羞辱我时，我心中的震惊。

正如上一章提到的玛丽被同伴们排斥的案例，女性更善于利用社交环境来针对她们的目标，她们会设法将受害者与能够提供帮助的人分隔开来，制造二次欺凌。一旦盯上了某个不幸的女孩，一些女性欺凌者就会经常使用恐吓和胁迫手段，阻止其他孩子与受害者交朋友、保护受害者。这种行为被称为“他者化”，是一种有意设置社交障碍和友谊隔阂的社交机制。这不仅从社交上进一步孤立了受害者，而且在协同打击的行动中确立了自己的主导地位。

男性的欺凌手段相对简单一些，男孩们倾向于通过欺负其他男孩来融入想要进入的社交阶层。一旦确定了这一点，除非你碰上的是一个焦虑的恶霸，他会把欺凌作为一种处理自己情绪的方式，否则男孩们倾向于将欺凌作为解决问题的途径。然而，有一个例外，就是男孩欺负女孩，这绝对是一个长期而且普遍存在的难题。

欺凌与骚扰之间的关系错综复杂，可以这么说，骚扰只是欺凌的另一种形式。一些研究人员不同意这种观点，他们认为骚扰与欺凌是有区别的，当一个人针对另一个人的特征（如肤色或性别）而发难，其行为就构成了骚扰。这个争议到现在还没有定论，我在这里就不赘述了。我只想说，跨性别欺凌研究比仅仅强调欺凌与骚扰之间的差异要复杂得多。

女孩欺负男孩

欺负异性的女孩往往有着强烈的个性，而且自我评价颇高。虽然她们很可能会选择那些比较柔弱的男孩——不管是男恶霸还是女恶霸，一般都喜欢欺负这样的人——但即使这样的话，欺负人的女孩也会面临较大的风险，因为男性也许会出于“男人的骄傲和原则”而激烈反抗。然而，暂且把这个理由放在一边，女孩选择一个男孩来欺负，可能是因为她曾经在生活中因为男性而遭遇过不公正的待遇，或者是作为一种社交过滤的途径。

在 2001 年的研究中，一些研究人员发现，女中学生倾向于将男生划分为两类——“忧郁型”和“性感型”。女孩们会进一步判断男孩的发展前景和受欢迎程度，并最终判断哪些男生具有吸引力。可以这么说，那些看上去不那么“壮硕”的男孩会因为缺乏明显的男子气概而受到嘲笑。然而还有一些研究揭示了另一类复杂的动态过程，十几岁的女孩会高调嘲弄和骚扰“性感小组成员”，以此调情和吸引注意力。如此看来，女生讨厌一个男生会去嘲笑他，女生喜欢一个男孩也会去奚落他。老天啊！难怪十几岁的男生们常常摸不着头绪。

男孩欺负女孩

在一些情况下，男孩也会出于同样的原因去戏弄女孩。对于一些害羞的男孩来说，欺负女孩似乎是跟她们说话的唯一方式，这当然能十拿九稳地吸引她们的注意。年轻的小伙子们往往有一种相当荒唐的逻辑，向一个女孩表明喜欢她的最好的方式就是粗鲁地对待她。

然而，就像两性关系中的许多问题一样，也有一些男性怀着更为阴暗、让人难以接受的意图去欺负女性。一些研究“如何保护孩子免受社会暴力侵害”的结果显示，在某些情况下，如果男孩目睹过家庭暴力或遭遇过家庭暴力，那么他很有可能会对女性缺乏尊重、歧视女性，男性对女性的贬低往往是从类似的家庭关系中习得的。

权力约会

“权力约会”是一种非常特殊的欺凌行为，在所有的年龄和文化中都存在。这种关系的特点是，一个人物色另一个人，并与之建立关系，目的是要支配对方。为了确保总体实力的不平衡，寻求操控权的人会故意追求或讨好一个在某些方面明显较弱的人。这种实力的悬殊可能是体格（肌肉、身高和体重）上的，也可能是智力、财富或社交技能水平方面的。寻求和维持这种权力不平衡的目的是征服、操控和压制他人。于是另一方被蓄意征服并操控，想要抵抗几乎是不可能的。这是一种极其普遍的欺凌行为，然而可悲的是，在我看来，这种行为在社会上没有得到应有的认识，也没有得到很好的处理。

家庭地位

家庭暴力是一种非常恶劣、极具破坏性的成人欺凌形式，却往往被一句“清官难断家务事”轻飘飘地遮掩了。2018 年 1 月，艾玛·欧·弗莱尔（Emma O’Friel）在《爱尔兰时报》上写道：“在西方社会背景下，家庭暴力的最大来源是兄弟姐妹间的欺凌。”这是一种见解，但也经得起推敲。手足之争的困境在于，人们常常认为这是一种自然或正常的现象。我们经常听到这样的说法，“不碍事，兄弟姐妹之间就是这样，谁家孩子不打打闹闹呢？”

这的确是事实，而且大多数有兄弟姐妹的人对这一点都深有体会。你们都知道了我小时候当“熄灯工”的轶事，但问题是，什么时候兄弟姐妹间的小吵小闹越过了难以接受的界限，达到了可以称之为欺凌的程度，并且从性质上来说，变成了不可接受的事情？再一次，这是意图问题。

正常的手足之争是社会支配理论在起作用，孩子们以此确立自己在家里的地位。即使是双胞胎，其中一个也会很快成为支配者，这是我的亲身经历。我是双胞胎中的一个，我一直是两个中比较安静的一个。我家的一位朋友最近告诉我，当我们才 12 个月大的时候，我的双胞胎姐姐杰基就经常派我去帮她拿东西，那时我们还不会走路，我就爬着去给她拿玩具或者其他东西。

在过去的 10 多年里，人们对孩子的出生顺序和性格之间的关系越来越感兴趣。我不确定在当今要求严谨、有效的研究标准面前，这些信息中的一些能否经得起推敲，但是我们依然有必要探讨一下，看看孩子的出生顺序和今后可能成为恶霸或是被欺负的人之间有没有联系。

为了便于讨论，我们以 3 个孩子的家庭为例，在这个环节中，我们就称这些孩子为老大、老二、老三。下面我们来看看一些研究怎么描述出生顺序不同的孩子的性格，以及独生子女对选择欺负他人是否有影响。这里有一个普遍的前提，那就是我们讨论的是生活在正常教养环境中的孩子。如果孩子遭遇忽视或受到虐待，那么无论他的年龄和出生顺序如何，情况都会完全不同。

第一个孩子（老大）

我们有理由认为，第一个孩子是弟弟妹妹们的领导者，他们可能会强调身为老大的家庭地位，充当弟弟妹妹关系（潜在）的仲裁者，当然一开始是这样的。然而，情况并非总是如此。一般情况下，家里的第一个孩子有如下特征：

第一个孩子有幸在一段时间内成为家里关注的唯一焦点，他们最初的生命体验是得到父母的全部关注。新手父母对养育婴儿充满了新奇感，往往对婴儿的啼哭、咿咿呀呀以及各种动静和气味更敏感，反应更积极，一个刚出生的婴儿会刺激新手父母的所有感官。新手父母要应付许许多多新的信息和体验，他们还没有学会解读婴儿不同类型的啼哭，也没有找到方法来应对日复一日、周复一周的每晚起来好几次。可是，在上图中，我们还可以在行为模块中看到“谨慎”这个词。

初为人父母的时候，我们很少或根本没有照顾新生儿的经验。这些娇嫩脆弱的小不点儿，就像一位维多利亚作家说的那样，是“被噪声和屎尿包围的大胃王”。对于内心柔软的父母来说，在孩子出生后的一段时间里他们会感到相当紧张。他们常常不知道怎样做才是对孩子有好处的，怎样做会伤到孩子。正如老话说的，“捧在手里怕摔了，含在嘴里怕化了”。孩子哭的时候，要抱起来还是先让他们哭一会儿？好难抉择！

与满心的喜悦伴随的，是无休止的焦虑。看到铺天盖地关于新手父母应该做什么和不应该做什么的建议，年轻的父母会感到不知所措，甚至恐惧。由此产生的焦虑必然会对新生儿产生影响，焦虑的父母很可能会养出焦虑的孩子。新手父母在做决定时小心翼翼的样子会影响到他们的孩子。然而这里需要着重考虑的问题是，这种谨慎日后是否会表现为欺凌行为。

排行中间的孩子（老二）

很多研究表明，不管家里有多少孩子，除了第一个孩子和最小的孩子，其他孩子大体上具有下面列出的特征，尽管程度上可能会有所不同。

排行中间的孩子往往在很多时候会表现得默默无闻，他们常常感觉自己不如老大。这就是人们常说的“排行中间综合征”。在很多事情的计划上，他们往往被落下或被遗忘。一般情况下，他们只是期望着能够融入，或者在最惹人爱的哥哥或姐姐之后屈居第二。他们往往觉得自己得不到优待，因为奖励往往是给老大的。到了晚上，他们总是不得不更早去睡觉，而且穿的、用的都是老大剩下的。为了驾驭这个角色，排行中间的孩子学会了周旋，他们知道如何安抚他们的哥哥或姐姐，接受哥哥或姐姐不愿意接受的事情。他们往往更友好、更合群，随着年龄增长，也会更叛逆、更独立。

父母在养育老二时，比生养第一个孩子时更轻车熟路，也更自信。大人们对一言难尽的尿不湿早已司空见惯，也找到了有效的办法应对孩子吵夜，甚至突然意识到既然孩子爱探索，就让他自己爬呗。父母大多已经胸有成竹，明白什么是有效的，为什么有效，至于洗澡、换洗衣物和做饭这些家务，早已形成了一套例行程序。他们很熟悉如何喂养孩子，怎样应对感冒发烧。当年面对第一个孩子时的紧张和新奇已经不复存在了，相应的，排行中间的孩子往往在面对事情时更放松，也不像老大那样紧张兮兮地追求完美。

这里同样有趣的是，如果老二与老大性别相反，情况会有所不同。在这种情况下，父母偶尔会像对待老大那样对待老二。显而易见的是，无论是第一次抚养男孩，还是头一回养育女孩，都会让一些没有经验的父母冒出许多古怪的问题，比如如何给“这样”的孩子换尿布或教他们上厕所。父母们还会迷惑，从成长的角度来看，两种性别的孩子会不会有所不同？男孩会比女孩长得快吗？他们都不善于交际吗？假如女儿想玩枪，或者儿子喜欢玩洋娃娃，该怎么办呢？每天都有稀奇古怪的问题，时刻都在琢磨宝贵的答案！

因此，与养育老大相比，父母在养育老二时可能更有技巧但又充满好奇。不管父母有没有意识到，这个性别不同于老大的孩子完全有可能得到更多的关注，可能会先被抱起来、先吃东西、先得到安抚，等等。如果是这样的话，第一个孩子长大后可能会寻求更多的关注，或者变得更苛刻，这是由于他们体验过被“篡位”的落差感，心里滋生了一些无意识的怨怼和焦虑。

此外，随着老二逐渐成长，他们与老大的关系也可能会对他们的性格产生影响。这里有几个因素在起作用。一是两个人的年龄差距，二是性别差异，还有一个因素是家长的处理方式。这些显然对理解欺凌行为的根源以及如何培养和发展人际关系具有启发意义。正如本书之前提到的，父母的养育方式和孩子的自尊发展是息息相关的。家里的兄弟姐妹之间，如果父母对一个孩子另眼相待，给予鼓励、照顾和互动，那么与其他孩子相比，这个孩子的自我价值感和自信心就会有所不同。

最小的孩子（老三）

如果一个家庭中不止一个孩子，那么很容易定义最大的和最小的孩子。要了解出生顺序和性格之间的关联，最重要的是要了解孩子之间的年龄差异、父母的培养方式，以及父母如何鼓励亲密关系（如鼓励同理心和兄弟姐妹之间相互爱护）。手足之间的所有事情都是这样。尽管如此，最小的孩子似乎的确发展出了一些独有的特征。

老三的社交自信来自作为家里最小的“宝贝”拥有一定程度的特权。父母在此时照顾婴儿已经得心应手，他们不仅知道该做什么，而且对于各种情况都有方法去应对。对老三来说，他往往感受到的是一个更稳定、更从容的家庭氛围。如果家庭中的其他孩子年龄合适，他们可以陪小宝宝聊天、带小宝宝游戏，这个最小的孩子将会与兄弟姐妹之间进行更多的交流和陪伴。

一个家庭也会很自然地认为最小的孩子最脆弱、最需要保护。在许多家庭中我们都能观察到，无论是父母还是哥哥姐姐，他们都有一种保护欲，不让其他大孩子捉弄或欺负自己家里最小的孩子。正因如此，最后出生的孩子能够学会利用自己的弱小挑拨其他孩子之间的矛盾，他们提出要求后似乎也能更快得到满足。所以，他们可能会倾向于寻求关注，有时候会被过度溺爱，但他们也有能力、有机会发展更多的人际关系技巧，在社交上也更显得落落大方。

独生子女

独生子女的情况很独特，因为他们的父母基本上不会改变养育方式。对于独生子女的父母来说，每一年都是一次新的体验。虽然在子女多的家里，父母对第一个孩子的养育也是如此，但教养方式会因其他孩子的加入而逐渐变得平和。因此，对独生子女的分析可能有一定的难度，因为独生子女的养育方式大多是一以贯之的，是同一种养育风格经过多年提炼后的产物。暂且把这个问题搁在一边，研究普遍认为独生子女具有以下特质:

由于从来没有其他兄弟姐妹与之竞争，独生子女可以长期独占父母的时间和空间。在多子女的家庭中，随着弟弟妹妹的到来，长子长女不得不与人分享父母的关爱，这种感觉是独生子女体验不到的。独生子女很快就能学会在需要的时候掌控和引导父母的注意力，他们得到的衣服和玩具都是新的，不知道用二手物品是什么感觉，也没有机会与兄弟姐妹分享时间和空间，所有的玩具和好东西都是他们自己的。然而这并不全是好事，因为作为独生子女，意味着父母所有的注意力都集中在自己身上，这在一段时期内可能会感觉很好，可是有一天就会意识到，不仅父母的注意力都是自己的，而且他们的恐惧、担忧和期望也是自己的。

独生子女是父母看到自己的孩子在学校表现良好、成绩领先，以及实现对孩子的所有其他期望的唯一机会。深爱着孩子的父母希望自己的孩子能拥有最美好的未来，可是如果父母不能理智看待这些期望和现实结果之间的距离，可想而知独生子女的压力会有多大。他们可能会把这种压力带进学校，而在那里又会面对同伴之间的竞争。在被送进学校之前（或更早些时候的早教中心、托儿所），独生子女一直独享周围成年人的关注。现在，突然之间，他们成了许多孩子中的一员，所有的孩子都要求得到照顾，他们必须分享自己的特权，这时他们可能会觉得需要为之奋斗。对于一些孩子来说，同龄人是竞争对手，是他们获得成年人关注的障碍。

家庭地位的改变

家庭生活和家庭成员发生变化，对孩子们无疑是一种打击。现代社会的离婚率很高，大部分的离婚人士会再组新的家庭。对许多孩子来说，这不仅意味着要和一个新的成年男性或女性建立联系，还意味着要和陌生的孩子“混合”在一起。在这个过程中，孩子的家庭地位可能会发生改变，可能原本是家庭中最大或唯一的孩子，但忽然间成了地位最低的孩子。这种类型的家庭变化会对孩子的身体和心理健康产生巨大的影响。家庭剧变，自身地位“一落千丈”，可能会导致孩子错误地使用欺凌行为来应对内心的落差。

出生顺序与欺凌

我发现在这一领域几乎没有成熟的研究可以说明孩子的出生顺序和欺凌倾向之间的关联程度。解释这之中的关联是非常复杂的，因为同一个现象往往存在着许多不同的视角，而每个视角都提供了看似相互矛盾的信息。最近的一些研究似乎表明，兄弟姐妹之间性格的相互影响可能比我们最初认为的更大。所有的相关研究人员都同意，成年人在孩子的生活中扮演着至关重要的角色，他们在很大程度上影响了孩子看待世界的方式，决定了孩子的安全感水平。这一研究领域的所有心理学家都同意的另一点是，兄弟姐妹对于这一点也有影响。

那么，“影响到底有多大？”用不太专业的话说，在这个问题上，这是最“棘手的地方”。一些心理学家说，到了一定年龄之后，兄弟姐妹之间的影响可能比父母的影响更大。一些研究表明，到了大约 9 岁时，孩子的文化偏好开始更多地受到同龄人的影响。一些神经学研究试探性地指出，当一个孩子长到 5 岁时，他们在自我价值和独立方面已经建立了很强的自我认同。争议之处在于，孩子在 5 岁之前建立的自我意识，在多大程度上是由他们的兄弟姐妹塑造和影响的。在这一领域还有许多地方尚未明确，争论仍在继续。

了解孩子们的成长环境

这一章我们主要探讨了“小恶霸”的心理以及为什么他们会想要欺负别人。很明显，就像生活中的许多事情一样，孩子们从他们周围的环境中学习。他们并非生来就是恶霸，尽管有些孩子的体内可能携带“尚武基因”，但这种基因不能保证肯定会让一个人变成暴力分子。

孩子在家庭中要扮演一个独特的角色，与家庭成员之间进行无数次互动，日复一日，年复一年，家庭慢慢地塑造和影响了一个孩子的认知：这个世界给他们提供了什么？他们需要怎么做来应对这一切？家庭成员的行事风格最初会影响孩子对世界的理解，然后他们选择的朋友会继续影响他们对世界的理解。每个人都要在人生的旅途上经受岁月的考验，这两股力量都会潜移默化地传授给孩子适当的策略，以帮助孩子处理许多社会困境。

我们需要了解孩子们的成长环境，看看他过去的种种经历。孩子们在成长过程中会不断做出各种决定，他们将信息进行处理和分类，将信息标记为有用的和没用的，有用的下次继续用，没用的就抛弃。这一切的核心，是一个人需要在社会中生存并发挥作用。通过与他人无数次的互动，有些人开始坚信，欺负他人不仅是应对世界的一种恰当的方式，而且是一种必不可少的方式。

当我还是个孩子的时候，我妈妈喜欢收集一些黄铜小摆件，碗、壶、水瓶等，主要是摆在壁炉旁做装饰。它们要么在阳光下闪闪发光，要么在火光下熠熠生辉。那时我还是个小男孩，我就被迷住了。它们每一件都拥有完美的外形，引人注目；每一件都是由一片平整、光洁的铜板制作出来的。在创作过程中，工匠们用一把小锤子反复敲打，在那些光滑的表面上敲打出一个个小凹痕，然后卷曲、塑造成理想的形状。每一次小小的捶打，都会在这块平整的金属上留下印记、产生弧度，就这样一锤一锤地改变了它的结构和原本的面貌，每一次敲打都使其往最终的样子迈进了一步。一块普普通通的金属，经过一系列积极的打磨，随着时间推移，它焕然一新，变成了一件光彩夺目的装饰。

下次当你遇到恶霸或一个攻击性很强的人时，试着退一步，看看他们真正的样子。这些人自出生以来，经历了无数次敲打和反反复复的强化，他们被塑造出一套思维模式：这是你需要采取的行动，你需要这么做来度过这一天，这就是欺负人的好处。对许多人来说，攻击是一种需要而非欲望，他们觉得他们需要这样做才有生存的机会，才能避免受伤。的确，对某些人来说，“需要”后来变成了“想要”，但是这种“想要”一开始是一种习得性的需要。侵略性的反应最终转化为一种伤害和羞辱他人的欲望，并且几乎不考虑受害者的感受，然而要知道，这些反社会行为产生于一种近乎绝望的求生欲。

我绝不宽恕暴力行为和侵犯行为，伤害他人的行为是不能被接受的，并且永远不会被接受。欺凌对被欺负的人有毁灭性的影响，它会导致抑郁和焦虑，在极端情况下甚至会导致受害者自杀。但在这里我想问的是，我们当中有谁能真的说，如果我们生长在恶霸所处的环境中，跟他们一样从那样的环境中学习，我们就一定不会像他们那样做错事?

正是我们的经历造就了我们现在的模样。我们要做的是，通过帮助恶霸做出其他选择来制止欺凌行为。要做到这一点，需要同理心，通过理解他们来改变自己对他们的看法和态度。我们可以让他们看到，还有更好的方法可以满足他们的内在需求。我们应该把欺凌看作是一种社会痼疾——一种可以治疗的病态心理。惩罚的方式会令恶霸们更加坚定地认为这个世界已经抛弃了他们，他们更需要通过掌控周围的人来与他人建立联系。作为成年人，我们既要帮助和支持那些受到欺负的孩子，也不应放弃那些欺负人的孩子，毕竟大多数欺负别人的孩子，自己也是受害者。在下一章中，我们将从心理健康研究的角度探讨如何理解欺凌。

第五章

我的孩子真的有那么坏吗？

欺凌行为与长期的心理健康问题之间存在着关联性，
我们需要开始把经常性的欺凌行为更多地当作一种心理健康问题，
而非仅仅只是一种社交技能缺陷来看待。

CHAPTER FIVE

专业心理学家可以说是一份充满魔力的职业，我一直乐此不疲。至于工作压力，老实说有时会有。但会不会感到厌倦和无聊？反正我从来不会！心理学至今仍令我着迷，为此我会不停地去学习一些新的东西，而我似乎对这一点也从不厌倦。

老话说得好，知道得越多就越明白自己不知道得也越多——这世上还有太多的东西仍是未知数，还需要我们去探究和学习。我从未间断过学习，因为每天我都会碰到一些新情况、新问题以及形态各异的人际关系，我也总能从中受益。专业心理学家的从业经历能让我更好地应对校园里那些无所事事的青少年，尽管在我想和他们打成一片时，“热脸贴上冷屁股”是常有的事。另外，当我在听到那些懊恼沮丧的父母们在发泄孩子如何难以管教、如何总也不长进的焦虑时，这份从业经历总能让我保持冷静和客观。凡此种种，只有永不停息学习的脚步，才会有能力去努力改善所有相关问题的结果。作为一名专业的心理学者，我必须保持这种警醒。

然而，专业心理学家在试图帮助他人时也会受到质疑。这倒不一定是因为我们做的有什么不妥，而是源于某些人对“心理学家”这个头衔的另类理解。很多时候，在与孩子会面之前我需要先和他们的家长谈谈，而且家长们也需要事前在托管同意书上签字。这种时候他们常常会流露出某种焦虑，会纳闷自己的孩子为什么要求助一个心理学家，会提出类似“我的孩子真的有那么坏吗？”这样的诘问。

遇上这种情况，我就明白有必要跟他们做些解释，说清楚我是谁以及是干什么的。某些时候，当我向学生和家长介绍自己是一名“教育心理学家”时，得到的反馈有不满，也有愤怒。“你知道的，他们没有神经错乱！”或者“我又不是得了精神病！”有一次，一个看上去非常可爱的15岁的女孩用手指着我，咬牙切齿地说：“我才不想去看那个浑蛋医生，他会把我关起来的！”当时我觉得她的反应实在是有些过度，但对一个不明就里且正在恼怒的青少年来说，她怎么说、怎么做也许又不必较真，不过谢天谢地，这样的情形毕竟少见。通常，人们只有在经过专业精神病医生的诊疗之后才会真正开始求助于专业心理学家。然而，精神病学与心理学又是两码事，它们分属不同的范畴。最简单的区别就是精神病人没有对错的概念，不管干了什么自己都不会感到痛苦，而有心理疾患的人则不这样。精神病学是医学的一个分支或一个学科，它要处理的是精神疾病问题，包括但不限于精神分裂症、躯体变形障碍症、人格障碍以及恐惧症等。

人们通常以为，精神疾病从业者和心理健康从业者处理的都是社会生活中的异常现象，应对的都是一些个人或家庭难以启齿的、认定的很失败的独特问题。好在这种观点似乎正在发生转变，我们后面还会再回到这个话题。然而在此之前，我们有必要审视一下，为什么在过去的100年间，有关心理健康问题的新闻报道总是如此负面，以及由此所引发的诸多错误观念的“余毒”至今还在怎样给心理健康从业者制造障碍。

精神疾病简史

在维多利亚时代，人们应对心理健康问题的某些处置方法相当古老、野蛮和残忍。如今在互联网上，你可以很容易地找到一些照片，照片中的人们赤身裸体，身戴镣铐，有的还顶着沉重的头笼。很多人还听说过，那时候癔症发作的人会被扔进冰水浴缸，被留置在肮脏的走廊里游荡，或者更糟的，被独自关押（可以说是一种“眼不见心不烦”的疗法）。19世纪后半叶，心理学家和精神病学家在美国通常都被称为“精神病医生”，因为人们认为他们都在治疗那些所患病症无法解释且与人类的本性“格格不入”的病患。

然而，我们要知道的是，在试图理解人类行为复杂性的漫漫征途中，那时还属于一个初期、初级的阶段。因此，在那时，西格蒙德·弗洛伊德作品的出版可谓意义重大且非常及时。1895年，弗洛伊德与约瑟夫·布洛伊尔（Josef Breuer）将共同研究歇斯底里病症的成果写成《歇斯底里症研究》一书。在接下来的10年里，弗洛伊德相继出版了一些著名的作品，包括《梦的解析》和《日常生活的精神病理学》。

这些著作牢固地确立了弗洛伊德在社会科学史上的地位，并为其赢得了“心理学之父”的美誉。

弗洛伊德把心理学“psychology”一词字面上的意思“对心灵的研究”带入了一个更普遍的层面当中来讨论。于是，人们头一次听说精神疾病是可以理解的，治疗也是有可能的。与我们今天对心灵的认知相比，弗洛伊德的一些理论和假设相当晦涩难懂，甚至可能还带有某些误导性，然而，也正是他为心理学研究被大众接受铺平了道路。正是由于他的著作广泛流行，理论又颇带“性感”，才使得精神分析疗法至今仍能在世界各地的公共和私人临床实践中得到运用。

从诸多方面来看，维多利亚时代的人们害怕那些言行举止不符合当时社会规范的人，而那些罹患现在看来属于精神疾病的人则会受到公众的排斥，且时至今日，这种现象还依然存在。因此，在还不知道该拿这些人怎么办的情况下，出于当时那种社会责任感，社会管理者会把这些人隐藏在公众视线之外。这么做的目的并不一定是为病人着想，更多是为了他人的安全和健康考量。在 19 世纪和 20 世纪初的英国，如果你因心理健康状况不佳（如情绪持续低落或焦虑）而被送进“疯人院”，很可能在被监禁后不久就陷入一种精神错乱的状态，这倒不一定是病情自然恶化的结果，反倒很可能是你被如此“收拾”的直接后果。心理健康问题总会被打上耻辱的烙印，人们要么羞于启齿，要么谈虎色变，至今也存在这种情形。

人们似乎不宜在公共场合谈论自己的情感问题。当我们与他人打招呼时，可能会乐呵呵地说“早上好，今天天气真好！”即使我们当时内心的真实感受可能更接近于“嗨，实际上我感觉糟透了。日子过得一塌糊涂不说，还欠了一屁股债，孩子在学校还遭人欺负，我这会儿简直烦透了”。但这些都不能说，所有人都在把最真实的想法藏在心里，留给自己，然后用一种更能被社会公众接受的方式来交流。毕竟，一个人不能、也不应该把自己的不堪公之于众。

你们可能要问，这一切与欺凌行为又有何干系？我得说，脱不了干系，有相关性，因为正如我们之前所探讨的——欺凌行为是解决社交问题的一种工具，当没有其他方法可以处理情绪问题时，伤害他人则成了一些人管控情绪的一条出路。这种隐忍不发、不动声色式的“见面礼仪”能使一个人的真情实感在心灵深处溃烂、流脓，让原本属于正常的那些感觉流失、终止（不管那些感觉对其个体而言意味着什么）。对我们整体的心理健康而言，不能谈论真情实感是非常不利的。我们需要一种更健康、更温和的方式来释放这些紧张的情绪。当过得不顺或遭遇不测时，我们尤其需要确立一种能获得正常感觉的感知方式。

但“正常”又到底是个什么样子，能让人感知到吗？我正常吗？你正常吗？我们很有必要探讨一下关于“正常”的概念，这不可或缺。

何谓感觉正常

很多人可能意想不到，在日常话语当中，能有那么多的词汇与心理健康问题有关。而且仿佛人人都能感知他人的言行举止是否正常，是否在公众可接受的范围之内。英语的日常用语里就有一些很常见的词汇前缀，它们都与“不正常”的感觉有关。最常见的有“ab-”“sub-”“hypo-”和“hyper-”这几个，它们都是我们从罗马人和希腊人那里继承下来的语言要素的一部分。

前缀“ab-”的意思是“偏离或有别于”，所以“abnormal”一词的字面意思就是“偏离或有别于正常”，即“不正常的”或“反常的”。

前缀“sub-”的意思是“位于……的下面”，前缀“hypo-”则指的是“低于或少于”。很多常用词汇都带有这两个前缀，比如“submarine（潜水艇）”，字面意思就是“位于水的下面”；“subliminal（潜意识的，下意识的）”，字面意思就是“在意识水平以下”；“hypothyroidism”，即甲状腺功能减退，指的是由于甲状腺激素合成及分泌减少，或其生理效应不足所致机体代谢降低的一种疾病。

前缀“hyper-”的意思是“高于”，所以“hyperactive”的意思就是“过度活跃”，而“hypersensitive”一词的意思则是“过分敏感”，即敏感度高于正常水平。“hyperthyroidism”一词的意思是甲状腺功能亢进，指的是由于甲状腺激素合成及分泌过多，造成机体代谢亢进和交感神经兴奋的一种疾病。

在描述什么是正常或不正常的状况时，带有这些前缀的词汇最常见。日常对话当中，在描述人们的表现和行为时，这类词汇也会反复出现。

“我女儿最近有点儿反常（abnormal）啊！”

“他是不正确的。他一定是弱智（subnormal）之类的。”

所有这类陈述的迷人之处就在于，在说出这样的话之前，一个人首先必须意识到究竟什么样的言行举止才能算是“正常”。更有趣的一点是，说这些话的人还要知道“正常”所能延展和包含的范围，也就是说，必须清楚“正常”与“不正常”的界限在哪里。

但我们到底是怎样做出这类判定的？我们眼里的“正常”又究竟意味着什么？鉴于诸多欺凌行为的发生往往都与某种与众不同的或是不那么合群的人和事的出现有关，我们在这里有必要探讨人们认为的所谓的正常状态的那种感觉。

我在 20 岁出头还在上大学的时候，报名参加过医学研究活动。在那期间我见识了什么是“社会认为属于正常”的东西，而且这些经历给我上了非常难得的一课。在继续说这件事情之前，需要解释一下我们所说的“社会”一词的含义，这一点很重要。简单说，一个社会就是人的一个群体，他们共享同一环境，所有的游戏规则、日常惯例和行动目标由一个层级结构来管理。以我曾参与的医学研究活动为例，医生、护士和所有参试者组合而成了一个特定环境下的小型社会。

我至今记得参试的第一天早上我和另外 5 个家伙同坐在早餐桌旁的情形。除了一个留着大胡子的家伙（他当时 39 岁），我们另外几个都是 20 多岁。以我当时那种青涩学生的心态，一开始我把“大胡子”看作是一个另类。因为就年龄而言，他属于这个群体中不那么正常的那个。那顿早餐也是我们到齐后的第一次社交聚会，就在那个场合，关于到底谁属于另类的问题，我非常清晰地感觉到，那个另类就是我。因为我们正在吃早餐时，“大胡子”突然举起餐刀指着桌子对面的一个红发小伙脱口而出：“喂，你那会儿蹲的哪个监狱？”

我一下被嘴里的一口面包给噎住了，目瞪口呆地望向那个红发小伙，很好奇对这么唐突的问话他会有何反应。停顿了也就一秒钟，他抬头看着“大胡子”，平静地回答：“利兹。你呢？”

“曼彻斯特。”

我吓傻了，但餐桌前坐着的另外两个人反倒像是更松弛了一些似的。接下来的两分钟里我明白了，原来，这群人当中没有进过监狱的，除了我，只有另外一个家伙。我感到了些许轻松，隔着橘子果酱朝我那个唯一的“战友”微笑。然而，这份轻松相当短命，因为随后的话题又转移到了文身上。5 个人一个接一个地、骄傲地亮出了各自身上的图案并阐明了那东西对于他们的意义。在吃完那顿早餐后，我似乎成了唯一一个皮肤和违法记录都清清白白的人。很显然，在这个群体中，我才是那个“不正常”的人。尽管我们大家相处得还不错，他们也都很健谈，但我却从未能做到完全放松下来，和他们中间任何一个人的关系也都不能说是特别好。

于是我们可以说，所谓正常或常态，乃是由文化意义所驱动的。在某一社会层面，具有人口统计学普遍性的东西就会被视为“正常”。通俗地讲，“正常”也就是稀松平常的事！但就本书而言，这种观点会带来一个问题，我们需要思考：欺凌行为也属于一种稀松平常之事吗？不少人可能会争辩说很可能属于呀，鉴于欺凌现象普遍存在，在校学生多多少少都被欺负过。那如果你没被欺负过，据此就可以说你属于“不正常”的是否也同样贴切？听上去好像不太对劲儿吧？

最好的结论是，尽管很多人都有过被欺负的经历，但这种现象是否“正常”只能由一个环境或群体的文化预期来决定。“正常”或“不正常”的认定界限通常由人类学家所称的“种族中心主义（ethnocentrism）”所决定。这种观点认为，大多数文明都存有这样一种心态：我们的就是好的，不一样的就是不好；凡是在这里可以接受的行为，如果有人说不好，那只是因为他们低我一等，需要提升罢了。许多文化似乎也都认同这样的心态，我们经常能听到诸如“没错，那就发生在我身上，但它从来也没能把我怎么样！”之类相当无益的评论。

再说说之前已经提到过的有可能经常出现欺凌行为的训练制度。一位在役的陆军中士曾告诉我，训练新兵的方法就是拆解他们的自我意识，一层一层地剥，一直剥到最脆弱的核心，然后再进行重建，打造成一个更坚固的结构，如此这般，他们才能经受得住战时的严酷，绝对地服从命令。我不敢肯定把如此严苛的军训制度拿到超市收银员的培训课程上效果会如何，但总有一些培训，人们会觉得应当采取所谓“不得已而为之”的某些途径和方法。人们存有这样的观念的问题在于，当一个团体说“事情一直都是这样”时，一个人想要反对预期的行为并对其说“不，事情本不该这样，还有另一条路！”就变得极其困难了。

当其他人似乎都在向后看的时候，我们却有力量站起来着眼未来，事情又会变成什么样子？但对很多人来说，随波逐流则要容易得多，如果欺凌他人是最便捷的路径，那么我们就会得到那个熟悉的剧本，“大豁牙！过来，小子！”对待当今社会的心理健康问题也是一样，我们需要一个全新的视角。

心理健康和精神疾病

我们在这里谈论的心理健康问题是指一个人在某种程度上患有焦虑症或持续性情绪低落（抑郁症）。人们常常会因为摊上这种问题而感到内疚和不安，继而还很可能会觉得耻辱和被孤立。一位家长曾经告诉我，一想到自己患了抑郁症就感到更抑郁，同样的道理也适用于各种烦闷或焦虑的症状。人们常常会因为某种潜在的焦虑情绪而经常性地处于一种焦虑状态，为焦虑而焦虑，因一时的焦虑而引发反复的、长时间的焦虑，并由此陷入一种不良的情绪循环。

好在这样的情形正在发生改变，伴随着这种变化，人们对“心理健康”和“精神疾病”之间的区别有了更好的理解。正确区分“心理健康”和“精神疾病”将有助于我们弄清楚以下两方面：怎样才能更好地帮助那些总欺负别人的孩子，以及为达此目的我们又需要做出哪些调整和改变。现在我们就来看看，什么是心理健康，什么是精神疾病。

1999年，“青年思想小组”（The Young Minds Group）将心理健康定义为：充实且富有成效生活的能力，以及处理生活起伏的灵活性。对于儿童和青少年而言，它尤其体现在学习、享受友谊、迎接挑战、培育和发展自身潜能等能力方面。“国民良好教育标准提升规划”（The Programme for Promoting a National Healthy Schools Standard）在论及类似的主题时指出，情绪健康和安适愉快感是更广泛的心理健康概念的一部分，其中还包括积极型心理健康的促进和心理健康问题的化解两个方面。

前述论断的要点在于，情感上的健康跟体格上的健康一样，直接关系到一个人在日常生活当中的应变能力。心理健康通常与个人的适应力直接相关，所谓个人的适应力是指在遭遇挫折后情绪“反弹”或重新振作的能力。心理健康状况良好意味着一个人有能力处置随时出现的问题，使它对生活影响较小或影响的时间较短。就像汽车里良好的引擎一样，总能确保车辆在颠簸和曲折的日常道路上顺利前进。适应力也一样，能助我们跨越无处不在的坑洼，在不可逾越的障碍面前及时停下或改变行动路线。

精神疾病与心理健康是两码事，但不少人会混为一谈。精神疾病是一种非常明确的医学表现，通常需要药物治疗或特定的治疗方案。精神疾病通常与大脑中某些化学物质的失衡有关，会引发神经官能症（一系列具有神经病理学特征的症状）或精神错乱（诸如由错误或危险的思维所引发的妄想症或无端指责等行为）。

精神疾病大多都可以医治，诸如精神分裂症等所导致的影响或状况可以得到控制，甚至可以被治愈。这也就意味着，一旦一个精神疾病患者能够接受并坚持配合恰当的治疗，其发病症状应该会随之减轻。

在教育心理学层面上，我来举一个颇能说明问题的例证。曾经，我和一位母亲有过一场算是比较艰难的对话，她希望我能为她 10 岁的女儿开具一份在当时还被称作是“特殊教育需求陈述”的证明文件。这是一种英国式的文书，概述了为保证孩子得到完整的教育其所在学校应尽的法律义务。

当时，这位母亲因为自己的女儿患有癫痫便觉得她需要这样一份证明文件，但其实通过日常的药物治疗，她的女儿后来并没有表现出任何明显的症状，且最近的 5 年内也没有发作过。尽管这个女孩有这个病，但疾病对她的影响较小，她无论在校还是在家都没遇到过任何问题。这种情况下，把自己的女儿归为哪一类并不重要，重要的是把此类病症对孩子日常生活的影响降到最低。人的精神状态也是如此。

因此，我们可以将心理健康和精神疾病的状况划分为 4 个象限，每个象限分别对应了明显不同的表状和特征。

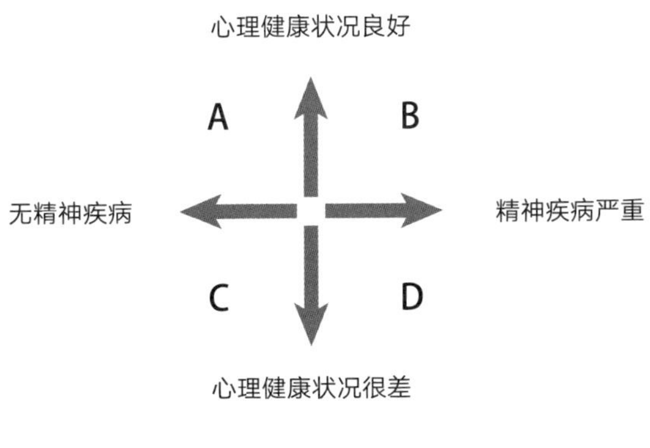

现在让我们对上述 4 个象限的情况依次略做讨论。

A 象限：无精神疾病，心理健康状况良好

处于这个区域意味着你的自我感觉良好，能照料好自己，在日常生活中能感到快乐，遇事能有弹性，即有足够的适应力。你没有任何能对你的精神状态造成影响的明显的身体或心理不适，能够在日常生活当中较好地规避过度的痛苦或伤害。这并不意味着你不会遇到问题或不会沮丧和失望，但如若遭遇，你将有能力、有办法、有韧性来应对和克服它们。

B 象限：精神疾病严重，心理健康状况良好

处于这个区域意味着你已被诊断患有精神疾病。但就像上面提到的那位 10 岁的小姑娘一样，你的症状已经得到了很好的控制，精神疾病对你的日常生活并不会造成影响，所以你也就能够安享生活，处理好日常事务，社交状况良好，自我感觉也不错。换句话说，尽管已被诊断患有精神疾病，但你却拥有健康的精神状态。

C 象限：无精神疾病，心理健康状况很差

这一区域有可能涵盖大多数人日常生活的表状。处于这个象限的

人们过往并没有任何精神疾病史，但他们对生活中的所有事情就是觉得不如意、不开心。他们身上的某些方面阻碍了他们快乐地生活。他们往往自我感觉很差，很难对自己的所成、所得感到满意，而且会经常焦虑、情绪低落。他们可能会觉得紧张、压力大，自尊难以为继。这种糟糕的精神状态会直接影响他们的日常生活和工作。当然，人人都难免有脆弱和低落的时候，但那些“时候”和这一区域所涵盖情况的差别在于，这里人们的精神状态直接作用于其能否过上正常生活以及能否不过度情绪化地处置日常问题的能力。

D 象限：精神疾病严重，心理健康状况很差

毋庸赘言，D 象限这一区域的情形最具破坏性并带有相当的普遍性。其糟糕之处在于，两个方向的不利局面有可能会相互促进彼此的恶化。典型的例子通常可以在明显患有精神疾病的患者身上看到，比如广场恐惧症（一种对开放空间或公共场所的病态恐惧症状，因为在这些地方他们很难一脚“逃离”），这类病常常使他们不愿出门，但疾病的影响又会促使他们感到被困，虽待在自家却仿佛身陷囹圄，无法出门的状态又将导致他们产生孤独和自我价值缺损的感觉。自我价值缺损的感觉又会强化他们的无助感，让他们怀疑自己无法做出改变，他们会想“尝试改变又能有什么意义？我肯定会失败”。这种情形之下，患者的心理健康状况会很差，这会使他们的精神疾病恶化，而病情恶化又将促使其心理健康状况更差。要摆脱这样一种恶性循环，就需要

实行一些重点明确、针对性强并能长期进行下去的措施。

习得性无助

心理学家为了解决问题曾经历过一段颇具争议的研究历史。在20世纪的前60年里，在他们孜孜不倦地发问、求索，以更加细致、深入地探明并理解人类的行为和思维的过程中，他们所做的许多事情，以今天同行的标准来看，都可谓既不道德又残酷无情。围绕“习得性无助”的研究就是一个很好的例子。从好的方面来讲，这类研究性实验的确凸显出了一些人究竟是怎样“作茧自缚”的，因为他们存有一种内在的、笃定自己无法也无力改变的感觉。“习得性无助”研究实验让人们第一次看到为什么有些人会秉持那种“我为什么要费劲地去改变呢”的态度，这会让那些拥有更健康思维模式的人觉得沮丧，因为同样的事物他们的视角可能不同。对于“习得性无助”的人来说，那种“无助”又助长了他们内心里的无力感和冷漠感。我必须再次强调，关于“习得性无助”的研究成果并不值得骄傲，但其重要性却值得我们在今后的讨论中牢记于心。我还要指出一点，鉴于当今所有研究性实践都必须遵循严格的伦理标准，该项特殊的实验不应再以任何形式被复制。

20世纪五六十年代，马丁·塞利格曼（Martin Seligman）对什么在支配着服从和顺应行为、其中有哪些规律和法则很感兴趣。在他和其研究团队进行的一项实验中，研究人员架起了一个笼子，以观察动物在紧张和压力之下会作何反应。他们用木头和玻璃搭建了一个硕大的笼子，笼底安置了铁丝网，在笼子底部的一侧，放置了一个木箱。随后，将一只狗关进笼子，闭合了笼顶让狗无法逃脱。过一小段时间，研究人员开始给笼底一侧的铁丝网通电，狗于是便遭到电击。

几次被电击之后，笼子里的狗很快就习得它可以跳上木箱来躲避痛苦。这种反应成为它的习得模式后，研究人员便将木箱取出，于是整个笼子的底部就只剩铁丝网。它随后又习得，现在已经没有地方可以躲避电击了，当痛苦来临时只能立在那里强忍着，直到电源被切断。等它适应并习惯了这种情况后，研究人员又将木箱放回原处，这就等于给了它再次遭受电击时可以逃脱的机会。然而塞利格曼和他的团队发现，由于笼子里的狗已经在第 2 阶段习得自己无法躲避电击，所以在第 3 阶段，即使再行通电，它也不会跳上木箱。也就是说，即使它有了可以逃避的机会，但它仍然没有选择接受。这就是所谓的习得性无助——即使希望就在眼前，也只会视而不见。因为进入了一种冷漠和绝望的状态，已经不再会去接受帮助和支持了。

提到这项研究并不是因为它会令人震撼，而是想突出强调一个事实——帮助某些人处理心理健康问题绝不是简单的事。在他们真正走上康复之路之前，有一系列的问题需要解决，有许多障碍需要克服。能意识到这一点非常重要，也是我们在后面章节探讨如何化解校园和社区普遍存在的欺凌问题时需要牢记于心的。这个化解之道当然不仅仅是喝令欺凌者住手，或者更糟的，转头以暴制暴。

欺凌行为与心理健康之间的联系

我们已经了解了心理健康与精神疾病之间的差异，现在我们要把注意力集中在心理健康问题而非精神疾病问题上。本章的着眼点是探求欺凌行为的动机与心理健康问题之间可能存在的联系。所有类别的欺凌行为当中，总会有心理健康问题作祟的影子。

必须要说明的是，心理健康问题并非与生俱来，这些问题的出现和人与其所处环境的互动方式有关。事实上，本书前半部分正是在探讨这些问题。在第一章，我们探讨了布朗芬布伦纳的关于互动的生态系统理论；在第二章，我们探讨了波巴的关于“自尊”的理论，它可以帮助我们更深入地了解情感发育如何由经历所塑造这一命题。在第二章和第四章，我们已经深入了解了心理健康和依恋关系之间的紧密联系。

如果要从所有前述的研究结论中抽引出一根主线，那就是，在孩子成长的过程中，其所处的环境影响、塑造并逐步强化出了关于他们是谁以及他们需要做些什么来应对环境的那种认知。简而言之，没有孩子天生就是恶霸，成为恶霸则是由其过往经历所造就的。再说一次，这并不是在为欺凌者开脱，也不是要袖手旁观，只丢下一句“好吧，怪就怪他们缺少教养，怪就怪他们的父母，怪他们那糟糕的生长环境，因为正是这些造出的这些恶霸”了事。我们这场讨论的目的是要探求欺凌行为的成因究竟在哪里，我们又可以做到哪些，比如运用“早期干预”的方法。

这里有两项关键的研究，它们阐明了糟糕的早期经历会如何影响人的心理健康。其一是在威尔士完成的关于儿童期不良经历影响的大型研究，其二是以墨西哥裔美国青少年为对象完成的关于欺凌行为的研究。

儿童期不良经历的影响

接下来的部分读起来并不会很轻松，下面的内容触及了人类社会最黑暗的某些成分，以及包含这类成分的经历对人的思维和行为所带来的影响。尽管我努力尝试用一种让阅读和学习变得有趣的方式来写作，但有些事情却不能用幽默来包裹，也不能用俏皮话来打趣。接下来的文字就是如此。如果打算在化解欺凌行为这一社会顽疾的过程中尽上自己的一份力，那么我们就需要改变对欺凌者的一些看法，而接下来的探索虽然艰难，却是完成这一改变的必要步骤。

儿童早期的不良生活经历与后来不佳的教育成果之间的联系并不是什么新鲜话题。事实上，20 世纪 90 年代末，由时任英国财政大臣的戈登·布朗（James Gordon Brown）倡导的“确保开端计划”（Sure Start Programme）正是为解决这一问题而设立。通过推行这项计划，类似创建儿童中心等一系列的举措取得了巨大成功。这些举措的着眼点都是早期教育，旨在让所有孩子都能达成既定的目标。1997 年，美国进行的一项研究有力地证明了早期生活创伤对日后心理健康的影响，该项研究于 2015 年在威尔士被复制，即“儿童期不良经历研究项目”（Adverse Childhood Experiences，简称 ACEs）。ACEs 探索了成年人的心理健康问题与其早期生活经历之间的联系，研究对象来自各行各业。结果，两项研究都发现，早期的不良生活经历与成年生活中的问题（包括社交障碍和潜在的预期寿命降低等）之间存在高度相关性。尽管这些不良经历在大多数人看来都偏极端，但审视一下这类“极端经历”如何导致社交反常和功能障碍仍十分有益。

为了便于讨论，我们只把关注重点放在威尔士的研究项目上。这一项目的研究人员为此调查了 2000 多位成年人，该项研究的目的是调查和了解在威尔士人当中“儿童期不良经历”现象是否普遍存在，以及不良经历是否会对调查对象在后来的生活中表现出危害健康的行为产生影响。

正如我们在前面已经探讨过的，人类生来就是社会性的，且婴儿的生存又完全依赖于这种社会性。ACEs 研究发现，子女在家中可能会遭遇 9 种不同类型的不良经历，每一种都是单独存在的孤立事件。这 9 种不同经历又可分为两大类：家庭环境影响的和个体直接承受的。下文引用的百分比是调查对象当中认为自己童年曾遭遇过该种不良经历的占比数。

家庭环境影响的（6 项）：

父母离异 20%

家庭暴力 16%

精神疾病 14%

酗酒 14%

吸毒 5%

监禁 5%

个体直接承受的（3 项）：

辱骂 23%

性虐待 10%

身体伤害 17%

该研究指出，尽管接受调查的 53% 的成年人在其童年时期并没有经历过这 9 种当中的任何一种，但剩下的 47% 的成年人中，多数人经历过的却又不止一种。数据显示，有 14% 的成年人，也就是 7 个当中就有 1 个，曾经不得不面对这 9 种当中的 4 种或更多种的困境，这一数字真是令人触目惊心。即使你从未从事过任何社会研究工作也能从这样的数字中看出，如果一个人遭遇过如此多的逆境，那么这些逆境必将要影响其思想、扭曲其行为，让其“失常”。如果人生像爬山，那么背负着童年期不良经历负担的人们，就等于是戴着拳击手套、脚蹬溜冰鞋在攀爬！

更能说明问题的一点是，那些因自己糟糕的童年经历而已经对上述 9 种困境“习以为常”的成年人，更有可能把同样的困境又带给自己的孩子。逆境往往孕育着逆境，那些在侵犯和暴力环境中浸染、长大的人，往往也会把侵犯和暴力当成解决社交问题的工具。如果不下

“猛药”来治理这种“沉疴”，不采取一些极端的和有影响力的举措来干预这种负面的、消极的思维模式的形成过程，那么一些家庭就可能会代代相传，一些孩子很可能永远也无法从山脚下的“大本营”出发去攀登人生的高峰。

多层迷走神经理论（Polyvagal Theory）

愤怒和攻击性行为都具有神经系统状态下的可观察的特征，在这种状态下，一系列的特征行为都被贴上了标签。在神经学研究上，我们需要把愤怒看作是对真实事件或感知事件的一种“攻击反应”，认识这一点很重要，因为这种“攻击反应”的大小可以通过大脑中的化学和神经变化来进行测量和分析。从这一点出发，我们就可以开始“拼凑”大脑究竟会如何应对和处理各种复杂乃至危险的环境。

假如我们能一窥大脑的内部构造，那么从进化的角度看，它实际上已经被设定好维持宿主存活的程序。一切都是为了生存。许多生存本能就深植于大脑的中心，或者更准确地说，深植在脑干和边缘系统之中。这一学说近年来在“多层迷走神经理论”中又得到了扩展。这一理论着眼于大脑和身体之间的神经联系。迷走神经发端于大脑，沿着身体向下，把自己包裹在胃部并继续延展。实际上，大脑里发生的事情也发生在躯体中。这一理论将神经学、生理学和人体决策机制联系在一起，形成了一个简洁的模型，对于解释孩子为什么非得按照他们那种方式行事不可很有帮助。按照这一模型，人的行为有 3 种运作状态，每一种状态都由神经路径来引导。

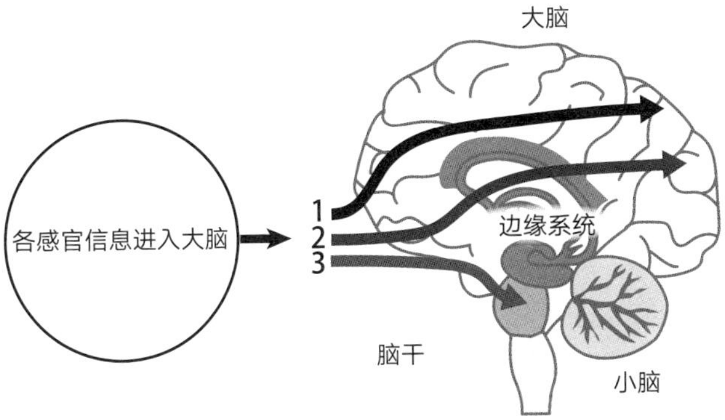

3 条迷走神经处理路径

运作状态一：内心平静

周末，你靠坐在床上。夜深了，你还在看书，一身轻松。外面刮起了风，忽然想到几个月以后就要去度假，你的思绪便开始在手里的书和度假遐想之间摇荡。这种时候，神经性的处理过程被引导到大脑外层，在那里，你的自我调节系统认定周遭安全，于是便可以放任思绪游离当下，飘向未来。

运作状态二：内心激荡

假如你还是正在静静地看书，突然楼下传来一声巨响，像是有人要闯进你的屋子。你的大脑会立即做出反应，将处理路径从外层直接切换到边缘系统。它首先向肾上腺发出信号，促使其产生肾上腺素，为即将采取的行动做好身体上的准备。至于刚才冒出的那些度假遐想现在已不再重要，当务之急是处理好当下以及接下来几分钟可能会发生的事情。

运作状态三：内心恐惧

你正静静地靠坐在床上看书，一个陌生人突然闯进你的卧室。他携带凶器，头套面具。你的意识现在已无关紧要，你所有关于时间和空间的想法都被关闭，身体进入一种呆立或本能反应的状态。神经性的处理过程现在由脑干协调，思想和身体现在处于自动状态，所有的身体决策都是在没有意识或下意识的情况下做出的。

按照达尔文的理论，大脑的存在就是为了完成一个任务：维持个体（自身）生存，以繁衍和延续该物种。在生存开始受到持续威胁的极端情况下，大脑依照“生存模式”（上述路径 2、3）运行，身体和情感成本已无关紧要。毕竟，存在的另一种状态，即死亡，对于生命而言已毫无意义。因此，大脑处于一种高度戒备状态则势在必行。然而，当这种高度觉醒反应的状态持续很久，人体内皮质醇和肾上腺素长时间维持在一个较高的水平时，情况就不同了。现在已知，有一系列的心理健康问题与个体经常暴露于高度威胁的环境中相关。

从生存的角度看，前述已经提及的儿童期不良经历就仿佛一头横冲直撞的怪兽，大脑一定会设定出某种程序以对付它，并尽可能躲避它，于是生活就变成了一种对抗和求存的问题。这种时候，求存的应对决策压倒了其他（不那么重要的）决定，比如该去上课了、应与他人友好相处，或是应当与他人合作以达成某个目标，等等。对于惊恐不安和情绪疲惫的大脑来说，生存是至高无上的。

不管怎么说，重要的是请记住：愤怒是一种正常的情绪，且愤怒本身不能、也不应该被视为一种心理健康问题。只有当愤怒这种“攻击反应”对一个人的日常生活、人际交往以及积极而富有成效生活的能力造成重大破坏时，那才有可能是。

尽管 ACEs 研究并没有对儿童期不良经历与欺凌行为的潜在可能性进行过具体的比较，但很明显，个人的早期经历、未来境遇与患上心理疾病的可能性之间存在着某种联系。不过，保持警醒的研究人员也不难在一部尘封已久的巨著中找到一项暗藏着的研究成果，它来自相邻学科，与其他若干研究成果相关联，就像一块丢失掉的拼图板。照这种比喻，那块“拼图板”就是以墨西哥裔美国青少年为对象完成的关于欺凌行为的研究。

需要声明的一点是，这类研究并非在为欺凌行为寻求开脱。我们不应该利用这类研究成果来宽恕和容忍欺凌行为，而是要去了解背后的原因，在此基础上帮助他们减少伤害他人的心理需要（当然，由于各种各样的原因，这种事说起来容易做起来难）。

从解决欺凌问题的角度来看，这块“拼图板”研究提供了一些解答线索。该项研究工作为期 2 年，探索了青少年群体的社会心理状况与欺凌行为之间的联系。参与调查的青少年需按照要求完成一份自我评估问卷以简要描述其思维和行为背后的社会心理状况，然后研究人员针对他们与欺凌行为之间存在何种关系与结果进行交叉参照，共有 4 组关系：

1. 无关者：从未被欺负过，也从未欺负过他人。
2. 欺凌者：承认故意欺负过他人，但从未被欺负过。
3. 受害者：曾被欺负过，但从未欺负过他人。
4. 兼有者：既欺负过他人，也被他人欺负过。

调查结果显示，只有上述第 1 组的那些“无关者”，即那些“从未被欺负过，也从未欺负过他人”的调查对象，在其以后的生活中没有出现心理健康状态不良的问题。第 2 组的“欺凌者”与第 3 组的“受害者”一样，都在其以后的生活中表现出严重的心理健康问题，而那些“欺凌者”在其以后的生活中出现心理健康问题的风险“更高”。

欺凌思维

这项研究与我在做博士学位研究时所得出的结论如出一辙，鉴于它们将是理解欺凌行为与心理健康之间存在联系的关键，我就此再做些许展开。我的博士学位研究在西约克郡的利兹完成，从 2008 年到

2010年，共用了2年时间。我对欺凌者和非欺凌者在看待世界的方式上是否会有所不同这一方面很感兴趣。此外，我对性别是否会影响他们的思维和感知也同样有兴趣。为了完成研究工作，我需要找到一种能在现实环境中对人的思维进行探索的方式，更重要的是，找到一种既能辨识欺凌者又安全可靠、符合道德规范的方式。

我很想弄清楚欺凌者和非欺凌者对社会环境的认知是否有所不同。为此，在利兹的一所中学，我给121名初一学生布置了一些任务。首先，请他们对几张图片做出描述，说出“你认为图片上正在发生什么”。这一任务涉及“主题统觉测试”技术，由美国的亨利·默里（Henry Murray）于20世纪30年代所设计，属于“投射测试系列”技术里的一种。这类测试都要求受测对象对一些模棱两可的画面给出自己的理解和描述，属于一种精神分析方法。受测对象从这些“画面故事”中领悟出的某种“主题”能够投射其内在的一些想法。也就是说，他们的潜意识会将其内心世界的法则“投射”到一个中立的情境之中，于是，运用这样的解释机制就可以分析任何普遍性的主题。请看下图：

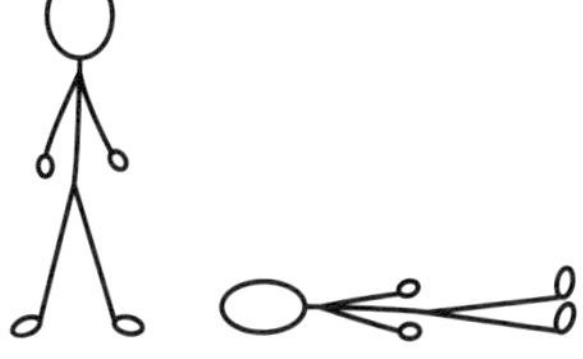

你认为图片上正在发生什么？如果你想说出这幅画的含义，你的潜意识就需要往里面添补一些东西。答案不分对错，随着受测对象看

的图片数量和回答次数增多，精神分析学家就能通过反复出现的某种叙述而有所收获。

在我那项研究中，孩子们的任务就是“看图说话”，为每张图片编排出一个小故事来描述其中正在上演的场景。这样的场景一共 4 个，第 1 个就是上图呈现出的场景，下面是另外 3 个场景。

一堵墙两边的两个人

肩膀相互接触的两个人

左边一个人，右边一群人，中间有一小段距离

为避免影响受测者，不让他们对任何场景产生主题偏见，参与受测的学生和老师都不知道他们为什么会被要求完成这些活动。唯一对研究重点有所了解的是年级负责人，但她并不参与测试。她只是同意开展这项工作，再把有关图表分发到若干小组，并解释应该怎么做。整个过程我也不介入，这一阶段的所有的工作都由年级负责人协调完成。

工作图表简单、易用，每幅图旁都有一个空格，要求学生用文字把他们所认为的图中正在发生的场景描述出来，越详细越好。所有的学生都被给予了足够的时间在某堂课上来完成。

之后，我在校外开始对学生们填写的内容进行分析，以衡量其中是否包含任何攻击性、冲突性、威胁性或暴力性的成分。2 个月后，估计之前完成的场景描述已经不会再带来任何影响，同样一组学生（他们来自 8 所小学）又被要求完成一份关于在小学时是否遭遇过欺凌经历的问卷调查。调查问卷要求他们按下列类别将自己归类：

1. 没有任何欺凌经历。
2. 欺负过他人，但从未被欺负过。
3. 曾被欺负过，但从未欺负过他人。
4. 既欺负过他人，也被他人欺负过。

当收集完这些调查问卷后，我将其与 2 个月前完成的“主题统觉测试”结果配对，以此来分析：那些承认欺负过别人的孩子是否比那些曾经是受害者或者没有任何欺凌经历的孩子在“看图说话”的讲述中表现出更多的攻击性或暴力性。

欺凌者的心态

以下信息提取自我那项研究中学生们填写完成的工作图表。我对个别拼写做了整理，但没有改动原来的用词。下列图表中两侧的文字，一边摘自声称没有任何欺凌经历的学生填写的内容，一边摘自声称曾欺负过他人的学生填写的内容。这些摘录是我从学生那里收到的最具典型性的回复。

现在，让我们来对学生们的这些想法稍做探究。如果这些摘录有任何让你感到不快的地方，我先行致歉。这里我想强调的是，对于十一二岁的学生而言，带有扭曲性和危险性的思维方式正是影响他们理解周围世界以及可能对攻击性和欺凌行径产生偏好的一个潜在因素。

无欺凌经历者	测试图	欺负过他人者
“一个人在晒日光浴，另一个人要去吃冰激凌。”	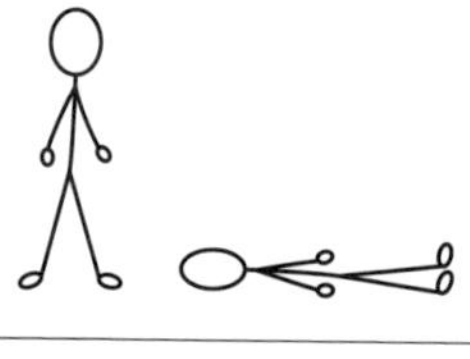	“一个人刺伤了另一个人。”
“两个朋友在花园里玩巨型叠叠乐。”		“一位父亲建了一堵砖墙，因为不受欢迎的一家搬到了隔壁，他们总往外扔脏东西。”

“两个相爱的人在跳舞。”		“两个爸爸在为一个女人打仗。”
“一位领队带领着童子军在大自然中漫步。”		“一群人正打算收拾一个小子，因为他们发现那家伙是个同性恋。”

很有可能正是孩子们各自的经历帮他们填补了图片场景中的空白。然而，那些“要去吃冰激凌”或“两个爸爸在为一个女人打仗”之类的描述究竟是来自个人经历还是来自电视节目，抑或来自电脑游戏，尚无从得知。

综上所述，我那项研究所凸显的主题是：

与那些没有任何欺凌经历的孩子相比，在描述中性场景的情况下，欺负过他人的孩子倾向于为自己的语言叠加上更多的威胁性和攻击性元素。这些被扭曲了的感知过程表明，欺凌者对其周围可能存在的潜在冲突、攻击行为和情感威胁，有“感知放大”的倾向。此外，在采访那些承认自己欺负过他人的孩子时，不少人都说，之所以要欺负他人是为了感觉更安全。这样来看，欺凌行为对他们来说似乎成了一种防卫性策略。以上种种也许能帮助我们理解为什么在校园里和社会上欺凌现象如此难以根除，我们在后面还会提到这一问题。

对调查问卷做进一步分析还显示出了一种性别动态，这一点我始料未及。数据显示，不同性别的人对 4 幅图片上的场景有着迥然不同的情绪反应。参与测试的女孩们在图 4 的场景中感受到了更大的威胁性情绪。这在统计学上具有显著意义（意味着两者之间存在直接联系，而并非仅仅只是巧合）。男孩们认为最具威胁性的场景是图 2，普遍选择用诸如打仗、摔跤、扭打等词语来描述，而女孩则倾向于用跳舞、拥抱等词语描述。

关于欺凌者的心态，上述结论都告诉了我们什么？更重要的是，对于阻止那些潜在的、令人担忧同时也是危机四伏的思维模式，上述研究结果是否有助于我们改变原有的预防“套路”？如果从之前讨论的“正常”概念的角度出发，我们可以探索这样一个问题：总是向消极认知自动靠拢的思维模式是否意味着欺凌者已经身陷一个一切看起来都具有潜在威胁的世界里。对一个欺负人的孩子来说，在校园生活中总能感受到更多的威胁可能就是他的一种“常态”。如果真是这样的话，一个欺负人的孩子就更有可能把种种本属中性的场合，比如同学们只是站在那儿聊天，看作是某种潜在的威胁并做出相应的反应。他们有可能会把日常的人际关系看作是一种等级关系，唯一令他们感到“安全”的做法就是必须身处等级“梯子”的顶端。然而一旦如此，麻烦就真的要来了。

正由于总在为自己在关系中的地位担忧，欺负人的孩子就需要找到维持其作为“头号人物”（一个既让人惧怕又让人尊敬的地位）的方法。站在他们的角度，无论采用何种方式，只要做不到这一点，则意味着在社交上、情感上，也许还包括身体上，处于一个不安全的环境中。毕竟，在他们自我构筑的那个充满攻击性和偏狭性的等级关系中，他们必须十分小心其他人地位会上升。于是我们也就不难看出，没有一种强有力的支持，没有社会性的变革，对于一个有着如此扭曲思维的人而言，自行终止对欺凌行为的偏好将何其难。

人在紧张和承压的时候，信任、接受和尊重等观念就变得举足轻重，必须要避免失去其中的任何一种。美国布朗大学近期的一项研究发现，欺负人的孩子比那些从未有过欺凌经历的同龄人更容易出现长期性的心理健康问题。该研究估计，有过欺凌经历的人，尤其是那些既欺负过他人、又被他人欺负过的人，存有自杀想法的可能性是那些从不把欺凌行为作为一种化解困境手段的人的 3 倍。

这一惊人的研究发现得到了后期众多研究结果的支持，心理健康问题专家约翰·M. 格罗霍尔博士（Dr John M. Grohol）的研究也位列其中。他补充说，互联网的使用增加了欺凌想法和可能行动的有效性。压倒性的证据表明，欺凌行为与长期的心理健康问题之间存在着关联性，我们需要开始把经常性的欺凌行为更多地当作一种心理健康问题，而非仅仅只是一种社交技能缺陷来看待；我们需要转而运用更具治疗性的手段来帮助那些认为、觉得或不由自主被欺凌需求所驱使的人。尽管我们之前已有提及，但在这里我愿意更详细地探讨一下欺凌行为的影响如何由校园波及社区，并进而使欺凌者产生一种周期性的欺凌他人的需求。

“巴啦啦”连锁反应

想象一下，在一座热闹繁华的城市，某所学校公认的打招呼方式是刺耳的、肉感的“巴啦啦”声——一种噪声，伸出舌头并将其夹在两唇之间使劲吹气就能发出类似“放屁”的“巴啦啦”声。有一小段时间，我就是如此行事，够怪异的吧？那还是20世纪70年代，已经大红大紫的英国喜剧演员罗尼·科贝特（Ronnie Corbett）和罗尼·巴克（Ronnie Barker），上演了广受好评的系列幽默短剧《老伦敦城的巴啦啦吹杀幽灵》。剧中，两位演员演了令人捧腹大笑的维多利亚时代的角色——头戴大礼帽，肩披斗篷，对着受害者的脸铆足力气吹出震天响的“巴啦啦”声就能将其“谋杀”。

正是在这样一段乱哄哄的时期，在我们的校园里，一阵风似的，同学们相互打招呼的方式都变成了一阵唾沫星子飞溅、从嘴巴到喉管都在可劲儿震颤的“巴啦啦”声。当时一个学生最恐惧的就是招呼还没打完，口水却已经用光了。够滑稽的吧？但当时的确就是那样。事实上，这一滑稽、怪异的打招呼方式在当时已成为一种“常态”。刚开始还只是少数几个人拿来开玩笑，后来就出现了连锁反应，这种打招呼的方式蔓延到整个学校，成了一种时尚、一种期待，尽管荒谬。每天上学前，一想到要跟朋友还有不管认不认识的同学一通“巴啦啦”，我就开始兴奋不已。一个从附近学校转到我们班上的孩子，入校的第一天早上就有人听到他说：“哦，这就是那个人人都用屁声来打招呼的学校。我原来还想那不会是真的呢！”然后，他努力尝试想和大家一样,结果,挤出来的动静可谓既干巴、又可怜。这里我想表达的意思是,任何一种微小的行为都可以如涟漪般向外扩散,使得受影响的人越来越多,层次越来越广,越来越远离最初的中心。欺凌行为就是如此。

欺凌者的攻击性行为会影响在场的人,在场的人会向外一层层传导一种不安感,这种不安情绪会像涟漪一样波及整个年级、整个学校,并最终会波及社区,直至这所学校会因为欺凌事件频发而在该社区“声名远播”。于是这所学校在文化意义上就陷入了一种令人不安的境地,因为在他们的校园文化当中,欺凌行为虽不受欢迎但却仍可接受。

尤其值得关注的是,一旦人们认为一所学校欺凌成风,那么普遍存在的不安情绪不光会使欺凌者的内心激发出其他人同样能感受到的不安和脆弱感,而且还会使他们的大脑强化其对欺负他人的一种内在需求。我们前面提到,那些欺负别人的孩子说之所以要欺负别人是因为他们没有安全感,从中不难看出,欺凌者的认知很容易陷入一种自我维护和自我强化的态度中。下图就清楚地说明了这一点。

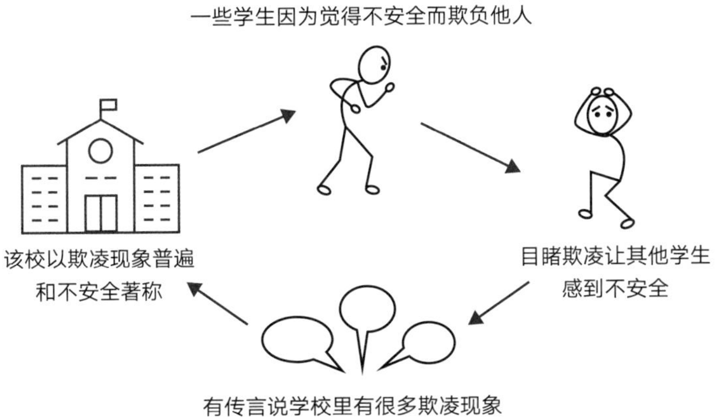

当然，这是一个极简版的关于欺凌现象的社会动态表述，但依然不可小觑。因为欺负他人的行为就在身边周期性发生着，一些偏爱把欺凌他人作为解决自身困境的学生就会发现自己很难打破这个循环。如果希望有效遏制校园里的欺凌行为，我们就要全校动员、多管齐下，而不能仅仅通过开除、留级、当众羞辱等手段来惩罚欺凌者。如果每所学校都只是采取这种方法来惩罚欺凌者，那么欺凌者最终可能都会因为学校环境了无改观而感到绝望。

想要根除这个普遍存在的问题，我们就需要正视它、直面它。惩罚和逐出欺凌者的方式并不能杜绝欺凌行为。过往的无数事例已经证明了这一点，惩罚欺凌者根本不起作用。欺凌者可以被赶走，但你赶不走其内在的欺凌他人的需求，而且这只会强化他们的孤立感和失败感，使其不满情绪愈发膨胀。被拒绝只会加重他们的心理健康负担，并使其欺凌他人的内在需求日益固化。毕竟，那是他们唯一知晓的处世之道，是其过往经历已经教会他们的行事方式。

本章着眼于发掘心理健康与欺凌行为之间的联系。我们已经看到，心理健康状况可以改变我们看待世界的方式。心理健康状况不良会影响我们的决策能力，从而会有害于我们的身体健康和幸福感；会使我们体内创造一种自我维持的思维模式和行为方式，扭曲我们对周围世界的理解和感知；会影响人际关系，影响受教育程度和工作价值等诸如此类的社会性结果。

对欺凌者而言，欺凌行为是一种化解社交困境的工具，一种以可能造成长期后果为代价解决其短期社会和情感需求的行为。尽管我并不愿意为欺凌行为贴上心理健康问题的标签，但我依然认可这两种社会现象的内在建构有许多重叠之处这样的主张。看来，作为童年时期（及其以后）不良生存状况的一种结果，欺凌行为已经更多地成了一种需要，而并非一种选择。或许，作为一个起点，我们需要以更大的同情心来看待那些欺负人的孩子，因为欺凌可能是他们所知晓的唯一的应对问题的方式。

如果我们要改变现状，实现一种真正的、诚实的转变，那就需要采取一种全新的也许颇具争议的方法和路径。我并未宣称自己是这种新的学校工作方式的发明者，因为它似乎正在世界各地开始取得进展。然而，就像其他所有新方法和新路径一样，欲使其在减少校园欺凌行为上发挥成效，我们还需要解决若干问题。下一章我们将展开详细的讨论，并希望一些视角的转变开始在我们的头脑中播下种子，以期结出更好、更持久方法和路径的“果实”，为终结欺凌现象助力。

如果我们知道了事物开始的样子，就不可能不知道它们结束的样子。

——托马斯·阿奎那

第六章

理解“欺凌圈”

面向教师和家长的支持系统

我相信，将这6个方面协调起来，
不仅能减少孩子在学校环境中欺负他人的机会，
而且还可以帮助一些学生减少欺负他人的需要。

CHAPTER SIX

到目前为止，如果说这本书告诉了我们一件事，那就是欺凌行为仍然像过去一样普遍和恶劣，尽管我们在这个问题上花费了大量的时间和金钱，尽管很多善良的人在为之努力。在现代科技的作用下，攻击距离变长了，恶意的语言传播得更远了，欺凌行为已经越过了人类拳头的攻击范围和嗓音的传送范围，我们已经不可逆转地步入了虚拟欺凌的时代。

那么，我们能做些什么来改变这种相当黯淡的局面呢？有没有什么措施能够对未来的欺凌数据产生长期的影响呢？我们在上一章的结尾提到，我们应该转变观念，像关注和帮助那些遭受欺负的孩子一样，去关注并帮助那些认为有必要欺负别人的孩子。的确，我们还需要克服许多障碍，或许有必要进行认真的反思，并且以治疗的思路来对付这种社会顽疾。转变视角是至关重要的。

这里，我们讨论的有问题的孩子，不仅仅是一个恶霸，从许多方面来看，他们自己可能也是受害者。我们将着眼于如何调整、改善儿童周围的社会环境体系，以满足他们的社交、情感和行为需求，而不仅仅是从同情的角度来叙述。在探讨的过程中，我们将会看到，在学校或社会这样复杂的环境中，单一的途径很难奏效。假如真有的话，答案早就明确了，问题早就解决了，这一年的时间我可以用来研究烹饪心理学、喝啤酒心理学或者品尝葡萄酒心理学，那简直太开心了！

首先，我们有必要了解一下在教育或医疗方面有特殊需求的群体，看看这方面的因素对我们理解欺凌有哪些帮助。

特殊教育需求和欺凌

特殊教育实施对象的范围在不同的国家和地区是不同的，我们在这里说的特殊教育面对的是一些患有特殊病症的孩子。这是一个潜在的雷区，一旦开启这个话题，很可能引出大量的讨论。虽然患有某种特殊病症不能成为欺负他人的正当理由，但这一特殊情况确实提醒我们可以试着去理解某些行为背后可能的动机。当考虑那些可能被视为与欺凌行为有关的方面时，我立即想到了 4 个医学现象：抽动秽语综合征、自闭症谱系障碍（特别是“阿斯伯格综合征”）、注意缺陷与多动障碍（俗称“多动症”）和焦虑症。我之所以选择这 4 种病症来讨论，是因为在这些情况下，孩子们的一些行为很容易被误解成欺凌行为，而事实并非如此。

抽动秽语综合征

你可能在一些新闻上看到过一个人在街上对着陌生人夸张地打手势，并且大声说脏话。假如一个 14 岁的男孩在超市里公然侮辱一个临床肥胖的陌生人，讽刺人家的大屁股，嘲讽人家挑选了糖果，从保守的角度来看，我们很容易认为这是社会上极端的欺凌行为。

抽动秽语综合征是一种社交障碍型的神经系统疾病，患者无法控制或很难控制进行一系列不正常行为的冲动。这种不正常的行为可以是做一些不必要的动作，被称为“身体抽动”；也可以是说一些污言秽语或常人难以接受的话，被称为“发声抽动”。就其性质而言，身体抽动不像发声抽动那么引人注目，社会容忍度也稍好一些，身体抽动的表现包括快速眨眼、持续咳嗽或痉挛式的面部抽搐等。发声抽动通常更加显眼，很容易被误解为言语上的欺凌。尽管这种行为很粗鲁，对他人造成了伤害，但是不属于欺凌行为，也不应被按照欺凌行为来处理。

当我们思考什么是欺凌时，重要的是要记住：有故意伤害他人的意图。对患有抽动秽语综合征的人来说，应该并没有故意伤害他人的意图。因此，相关专业人员不仅需要直接帮助那些患有这种病症的人，还需要帮助被恶言恶语伤害的人去理解事情发生的原因。患有抽动秽语综合征的人常常能够意识到这种病症的破坏力，但却无法控制出口伤人的冲动，他们自己也为此感到痛苦。然而，目前认为抽动秽语综合征一般情况下难以痊愈，是一种会伴随患者终身的病症，不过其症状可以得到长期的控制。

自闭症谱系障碍

自闭症谱系障碍，顾名思义，是一种谱系疾病。这种疾病在两性中都有可能发生，但在男性中更常见。对自闭症提出谱系的概念意味着，自闭症患者的思维模式和行为可以是“温和”的，比如一些固定的思维方式和古怪的行为；也可以是“极端”的，比如沟通困难和“极端”的行为。我曾经给一个小男孩做过疏导工作，他总是一遍又一遍地重复在电视上听到的一些话，比如：“莱斯特银行，投资更在行”。一天下来，他很少说别的话。这种重复别人言语的行为被称为“模仿言语症”，其表现形式多样，包括重复别人刚刚说过的话，可能是重复对方提出的问题而不是回答对方。然而，模仿言语症并不局限于自闭症患者，许多自闭症患者并没有表现出模仿言语症。

“阿斯伯格综合征”属于自闭症谱系障碍，曾被广泛用来指“较温和”水平的自闭症，即智力水平正常或较高，被认为是“高功能”的自闭症。患有这种病症的人有清晰的思维，可能擅长设计和构建复杂的计算机软件。尽管他们可以从事各种职业，但请不要对电脑怪客、科学家、“疯子教授”抱有成见。

涉及自闭症谱系障碍，欺凌问题就变得更加复杂了，我们必须重新审视行为背后的意图。患有自闭症谱系障碍的人，尤其是儿童，很难理解和遵守复杂的社交礼节和规则。有一次，一个患有自闭症的男孩的妈妈对我说，不久前他在爷爷的葬礼上讲了一些非常粗鲁无礼的话。我问他为什么这么做，他说每个人都很难过，他想让大家高兴起来。

“讲笑话不是让人高兴起来的好方法吗？”这通常是自闭症患者的特征之一——诚实意味着说实话，无论何时何地。还有一次，一位高中的校长告诉我，他听闻有学生在打架，赶紧跑过去干预。他正跑在走廊上，突然被一名学生拦住，并明确地告诉他：“不许在走廊里跑——你是校长，你应该明白的！”

这种愣头青式的坦诚很容易被误解为欺凌。我在日常工作中经常遇到这种情况，因为我有斜视，有些患有自闭症谱系障碍的孩子称我为“金鱼眼先生”或“摇摆眼先生”。有一次，我正在一所高中的一堂科学课上旁听观察，一个可爱的患自闭症的女孩举起手，对一脸疑惑的老师说：“老师，你知道有谁可以同时看向两个不同的方向吗？就像变色龙那样的？”那位年轻负责的教师相当迷茫地回答说：“呃，不知道，我觉得我做不到……言归正传，同学们，同位素就是……”

很容易理解为什么这种憨直和鲁莽常常被误解为欺凌，因为诸如抽动秽语综合征、自闭症谱系障碍等病症很难被人们发现，除非你了解这些病症，否则很容易会以为你所目睹的情况是一种欺凌行为。要知道，那些横冲直撞、粗俗、难以入耳的话，即使“不合适”，也不过是患者在没有能力理解别人为什么和自己的思考方式不一样的情况下说出的“大实话”。

心智理论

心智理论是一种理解他人看待事物的方式可能与自己看待事物的

方式不同的能力。一些人认为，患有自闭症谱系障碍的人拥有一种不太协调的或无法有效运作的心智理论。我曾经看过一个关于自闭症谱系障碍的电视节目，在节目中，记者正在采访一个有明显自闭症谱系障碍特征的人。镜头下，记者在看一个男子向他展示的一组照片，这些照片记录了这个男子的爱好。男子热情洋溢地对着记者一张接着一张地解说："这个是在北镇找到的。哦，这个啊，这是在威斯坦路找到的。哇哦，这个是我个人最喜欢的……"男子滔滔不绝，记者听得一脸困惑。无论记者怎样试图岔开话题，对方还是兴致勃勃地向他展示一张又一张看上去几乎一模一样的照片。令这位男子神魂颠倒的东西是木制的电线杆，他收藏了好几百张各种各样的电线杆的照片。这个自闭症患者没有意识到，甚至都没有考虑到，面前的记者并不像他那样对这些木杆子充满热情。（请不要因为这个故事而产生刻板印象。在某种程度上，心智理论是不存在或站不住脚的，自闭症儿童可以学会从另一个角度看问题，即使他们学习这一点比其他孩子更难一些。）

我们现在可以看到，既然欺凌行为包含故意伤害他人的预谋，也就是说欺凌者必须拥有一种有效的心智理论，才能够知道并且理解自己的行为会伤害他人（事实上，正是这种想法鼓励一个恶霸去伤害别人，而且反复作恶）。这就引出了一个问题，患有自闭症谱系障碍的人有可能会欺负别人吗？答案是肯定的，但可以预见的是，这并不好判断。

自闭症儿童可能无法轻松地知道他们需要怎样社交，或者一个行为的后果大概是什么样的。许多自闭症儿童需要有专业人员来引导，向他们解释，如果当众大声说出某些事实真相，其他人会有什么感受。随着时间推移，他们会渐渐理解，有些“事实”还是藏在心里比较好。

关于自闭症谱系障碍的介绍已经接近尾声了，让我来分享一件囧事，在患自闭症谱系障碍的孩子面前，苦笑的总是我。有一次，我跟一个孩子聊了好久他们学校的事情，就要结束谈话了，他问：“那么，今天我做得好吗？”“你指的是什么事情呀？”我问道。“就是我没有提您的眼睛转来转去看上去真奇怪这件事啊！”“对，你做到了！做得好！”

自闭症谱系障碍和欺凌之间有着复杂的关系。看起来唐突无理并不一定是欺凌，只有当患自闭症谱系障碍的孩子明明知道自己说出的话会让别人难过，并且清楚地理解自己在使用伤害性的语言或行为时，才有可能构成欺凌。

在结束自闭症谱系障碍这个话题之前，我需要说明的是，我在本节中偶尔用到了“自闭症患者”一词，这可能会引起争议。人们通常不赞同使用给人“贴标签”的词语，如残疾人、自闭症、盲人；而赞同强调人，把人放在前面，比如，某人有身体缺陷、某人表现出自闭症谱系障碍特征，某人有视觉障碍。然而，在自闭症谱系障碍群体中，很多人强烈呼吁正视“自闭症”这个词，因为他们把自闭症看作是他们自身的一个基本特点，而不是一种障碍，他们没什么问题。显然，自闭症患者，或者说，表现出自闭症谱系障碍特征的人应该自己决定别人怎么称呼他们，但在这里，我是以陈述事实、非贴标签、非评判的态度使用这些词语的。

注意缺陷与多动障碍

注意缺陷与多动障碍（俗称“多动症”）是一种神经学症状，与同龄儿童相比，患有此病症的孩子难以集中注意力，难以抑制身体移动、活跃。这些症状往往会严重干扰患儿及其身边其他人的学习。也许对于患多动症的孩子来说，更大的困扰是无法抑制高度冲动和自发反应。

多动症的病因仍在研究中，一些研究认为多动症有很强的遗传因素，并且认为环境与这些遗传因素相互联系、相互作用。研究似乎还表明，多动症患者的大脑的某些区域比常人的更大或更小。在确定多动症的病因方面，研究者还有很长的路要走。然而，很明显的是，自发的攻击行为很容易被认为是欺凌行为。

我确实认为，我们现在讨论的这部分内容可以很好地帮助我们理解欺凌与普通的攻击行为之间的差别。对于多动症患者来说，他们做出的许多行为都不是有意图的。他们在做出冲动而又具有攻击性的行为时，很可能并没有做出任何选择，也就是说无论这个人想不想这么做，这种行为都会发生。在很多方面，多动症患者就像抽动秽语综合征患者一样，在伤害别人的同时也伤害了自己。

然而，这不能成为伤害他人的充分理由。与其他症状一样，患有多动症的孩子需要认真对待自己的病症，学校内外的成年人也要一起努力，帮助他们找到解决困难和改善人际关系的途径，这一点很重要。这种合作并不简单，因为许多有这类问题的孩子的家庭情况都非常复杂，而且在许多情况下，学校里的环境也非常复杂，学生要应付各种各样的情况。因此，相关工作人员需要深入了解被指控的孩子，以此为基础来帮助他们解决困难。

焦虑症

我们现在已经清楚，欺凌是一种有意为之的社会问题解决工具。这是一些孩子面对当下困境做出的反应，即利用攻击和侮辱他人的方式试图减轻自己痛苦的情绪，并矫正自己认为的社会不公正现象。许多恶霸认为他们的行为是合理的，是为了维护公道。

> 我会尽一切可能伤害你（不管你是谁），以平衡我所感受到的痛苦；我不开心，所以也要让你不开心；我害怕这个世界，所以也要让你害怕这个世界——让我们一起痛苦吧。

我们在前一章探讨的“儿童期不良经历研究项目”（ACEs）表明，不良经历会导致社交反常。压力和欺凌的联系非常紧密。在看待欺凌行为时，我们需要提醒自己一个问题：为什么不是每个人都会去欺负别人呢？答案是，不是每个人都需要欺负别人，或者有些人有更合适、更能被社会接受的途径来处理他们的困难。

可以认为，焦虑是一种持续不断的高度紧张的体验，而欺凌是对环境的一种反应。在许多方面，儿童的心理健康问题可归因于对环境压力的一种不良反应，在布朗芬布伦纳的生态系统理论中，微观系统和中间系统教导儿童如何识别和应对他们感知到的威胁。

假如一个有蜘蛛恐惧症的孩子住在有蜘蛛的房子里，并且被教导通过踩蜘蛛来应对焦虑情绪，那么这个孩子到了其他场合一旦看到蜘蛛，会毫不犹豫一脚踩过去，丝毫不顾及其他人的反应。同样，如果教他见到蜘蛛就躲开，用逃跑的方式来应对压力，那么他在任何环境中遇到压力就会无意识地选择逃跑。从很多方面看，孩子们学到的应对压力的方式已经被添加到他们的“社交工具库”里了，随着时间推移，这些方式就变成了一种自动的、程序化的反应。如果我们想在社区，并且最终在校园里有效解决欺凌问题，我们就必须帮助孩子们学会以正确的方式应对压力。

社群暴力——理解“欺凌圈”

20 世纪 90 年代，奥维尤斯等研究人员提出，社会结构可能要为欺凌现象的泛滥负重要责任。在这里，我们有必要详细探讨这个问题，因为它为我们着手解决这一严重的社会问题提供了一些答案。排除某些疾病因素，这里需要再一次强调，很多时候文化对欺凌行为有着推波助澜的影响。

许多孩子欺负别人的重要动机之一，就是让“观众”来见证他们的优势和权威。对于欺负人的孩子来说，自己的行为能得到同龄人的认可和支持是非常重要的。欺凌被当成一种机制，帮助他们在学校社群中维持掌控感、权力感，这样他们才能感受到自己是重要的。这意味着，校园文化认可欺凌是个人获得荣誉和社会价值的重要标志，这让许多小恶霸如鱼得水。校园里积极支持欺凌行为的学生不需要很多，因为对欺凌行为麻木不仁、视而不见的孩子足够多了。

奥维尤斯的研究表明，当欺凌事件发生时，孩子们将扮演 7 个角色中的一个，如下图所示。这个框架对我们理解和应对校园欺凌有着非常重要的作用。

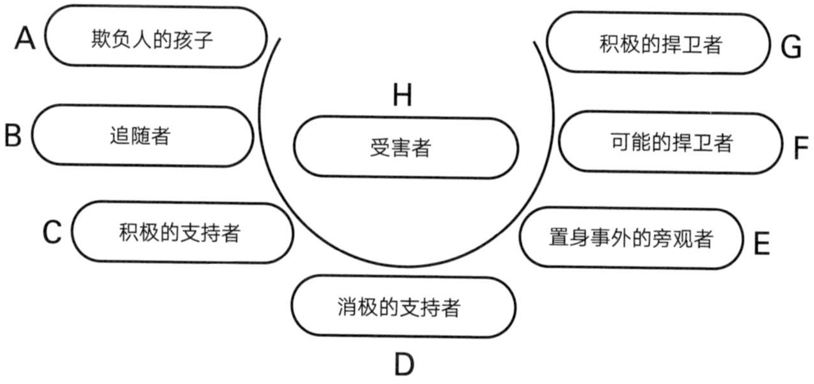

当然，还有第 8 个角色，那就是受害者，但这个角色不是个人自愿选择的（除非他们是所谓的“挑衅型受害者”）。下面我们来逐一介绍奥维尤斯界定的 7 个角色。

A. 欺负人的孩子（欺凌者）

欺凌者指发起并积极参与伤害或羞辱他人行动的人。他们要么踢人、打人（与受害者有实际身体接触），要么在情感或心理上欺负他人，比如用言语打击受害者或是鼓动他人侮辱和贬损受害者。欺凌者会主动劝说其他人远离受害者，或在其他人试图与受害者交往或者提供帮助时发出威胁。

B. 追随者（帮凶）

追随者不只是欺凌行为的旁观者，这些人与欺凌者十分亲密，总是跟在欺凌者身边，他们是欺凌社交网络的一部分，是欺凌的支持者。这些人在研究中通常被称为“帮凶”，在恶霸欺负别人的时候，这些帮凶有时会用拳打脚踢的方式直接参与欺凌，有时会在一边谩骂，或者怂恿旁观者参与欺凌。即使欺凌者不在场，追随者也会继续威胁、恐吓受害者。追随者常常四处散播、渲染欺凌事件，鼓吹将要发生的“大事”，用这类方式来支持欺凌文化。这些人就是欺凌者的公关团队——广告策划、谋利者。

C. 积极的支持者

积极的支持者的存在是校园欺凌如此肆虐的主要原因，这也是为什么欺凌被称为“观赏性活动”的原因。虽然他们本身没有参与欺凌行为，但他们很清楚欺凌行为正在发生，而且，他们的围观和哄笑恰到好处地鼓励了欺凌者。积极的支持者往往会在学校里四处传播消息，并积极响应欺凌者和追随者的要求，孤立受害者。他们还会积极主动地在社交媒体上对欺凌事件点赞、评论。用欺凌研究术语来说，他们犯下了间接欺凌的罪行。

D. 消极的支持者

消极的支持者是那些在欺凌事件发生时会去围观的人，他们增加了看上去支持欺凌行为的人数。这些人与积极的支持者不同，他们不会主动采取任何措施鼓励欺凌行为，同样也不会拿出实际行动去阻止欺凌行为。虽然大多数人通常不认为自己是消极的支持者，但研究表明，很多人属于这一阵营或即将介绍的下一组。再说一遍，这些人以关注的方式支持了欺凌，而且，他们也犯下了间接欺凌的过错。

E. 置身事外的旁观者

正如他们的标签所显示的，这些人很可能注意到发生了欺凌，但却会忽略它。他们要么停下来看几眼，但不会留下来；要么走开，假装什么都没看见。他们认为“事不关己，高高挂起”。虽然他们没有像上面几组人那样参与欺凌事件，因此没有犯下间接欺凌的罪行，但是，他们的不作为会给受害者增添一种无助感。

F. 可能的捍卫者

那些不认同欺凌行为，并阻止这类事情的人被称为捍卫者。虽然一些人说自己反对欺凌，但真的有欺凌事件发生在他们面前时，又不会采取有效行动，这些人被称为“可能的捍卫者”。当欺凌事件发生时，他们要么离开现场去找大人帮忙，要么鼓励别人去阻止。尽管这些行为可以看作是对侵犯和暴力的反抗，但是他们的行为并不能从一开始就阻止欺凌事件发生，甚至在欺凌事件发生后也不能有效阻止。

G. 积极的捍卫者

积极的捍卫者是那些以实际行动干预欺凌事件的人，他们直言不讳，而且会选择主动出击。积极的捍卫者不仅会主动寻求相关工作人员的帮助，还会团结学校里的其他孩子一起保护受害者。

总之，对“欺凌圈”的剖析可以帮助学校和一些社会团体，如青年俱乐部、运动队等，了解大多数人分别扮演了什么角色。显而易见，大多数学生都属于欺凌圈的前 4 类。事实上，学生们的所作所为是在社交和文化上认可欺凌行为，在这种情况下，欺凌现象很难根治。下面的图更为直观地说明了问题，圆圈越大，表明这种角色的人数就越多。

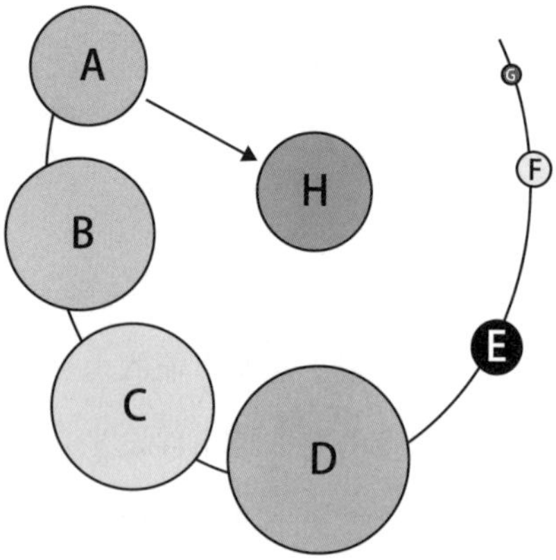

高欺凌文化背景的社会图

从欺凌者的角度，很容易看出校园文化对欺凌行为有足够的接受度，欺负别人似乎很合理，而且从收获的社交地位来看，确实是值得的。这是现实生活中上演的恐怖片。

相反地，我们也很容易看到，如果能够扭转这种局面，无论是自然而然的还是人为干预的，欺凌现象就会因得不到文化认可而减少很多。这种情况下的社会图应该是这样的：

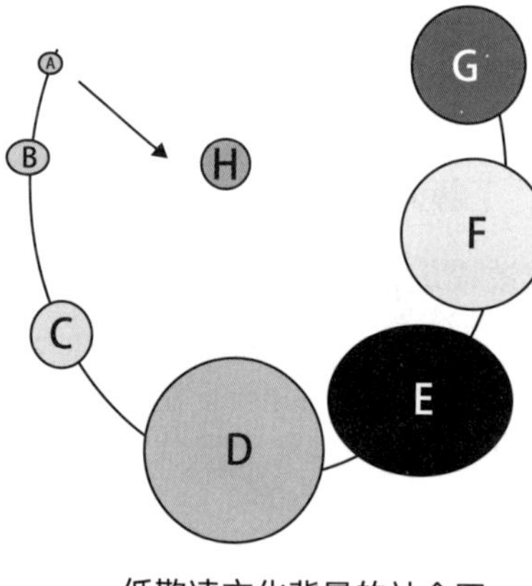

低欺凌文化背景的社会图

在这种情况下，一旦看到欺凌行为，大多数孩子会采取行动反对恶霸，这使得蓄意的攻击很难发生，或者难以持续发生。这种模式会将恶霸和他们的追随者从社会环境中孤立出来。虽然这并不能消除小恶霸们欺负他人的内在需求，但确实有助于我们与小恶霸们一起寻找更好的办法去克服困难，无论他们的困难是什么。

这个观点引出了一个问题，即如何开始通过“有意的干预”来推动这种反欺凌文化。从布朗芬布伦纳的生态系统理论中可以看到，我们需要在社会的不同层面和不同领域进行干预。接下来我们看看学校应该如何推进多部门合作，创建更健康的学校环境，从而影响学生的家庭以及社会其他相关组成部分，来共同营造良好的社会风气。

调整学校系统

如果学校想有效地遏制校园内的欺凌行为，需要考虑 3 个要素。这 3 个要素具有同样的重要性，学校应该同样重视，这样才能更有效地解决欺凌问题。假如忽视了这 3 个要素中的任何一个，其中的薄弱环节就会为欺凌者制造机会和理由，让他们可以继续用粗暴蛮横的方式获取自己的社交和情感需求。这 3 个要素是：

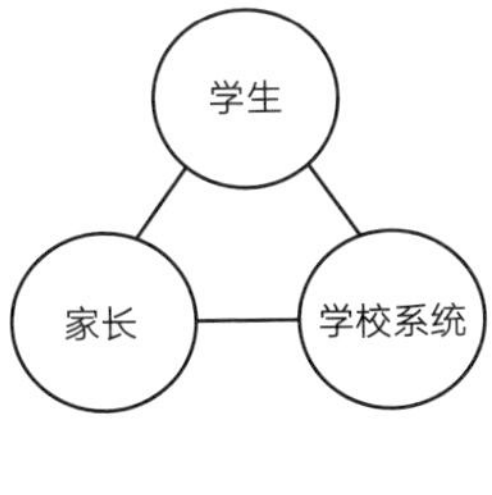

我们将从学校及其配套系统着手，因为正是在学校环境中，一些孩子欺负他人的需求常常有机会得以实现。

学校的任何系统性变革，都是由领导团队启动的。2015 年，英国公共卫生部发布了一份文件，即《促进儿童和青少年的情感健康和幸福感》，文件中包含一个简明的饼状图，列出了 7 个需要处理的问题。和许多系统方法一样，这里涉及一种综合方法，即核心要素——“领导与管理”。

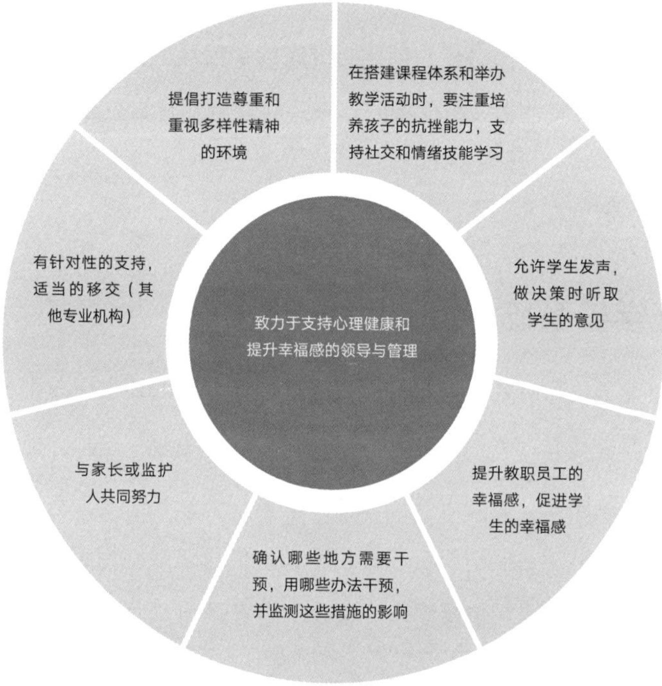

摘自《促进儿童和青少年的情感健康和幸福感》

（英国公共卫生部，2015 年）

从这个模式中可以看出，营造反欺凌文化，学校的管理系统要贯穿始终，进而推动整个进程。

为了探讨学校系统，我准备着眼于6个方面。这6个方面应该是所有学校都具备的，无论是小学、中学、大学，主流学校、专业学校，还是公立学校、私立学校。我相信，将这6个方面协调起来，不仅能减少孩子在学校环境中欺负他人的机会，而且还可以帮助一些学生减少欺负他人的需要。在我看来，如果学校想有效地解决欺凌问题，应该重点关注这6个方面。

学校是一个复杂的机构，拥有庞大的内部支持系统和外部配套体系，包括程序上的和法律法规方面的。要从整体上解决欺凌问题，需要了解学校系统是如何影响欺凌的。简而言之，学校教育既可以导致欺凌者更想作恶，也可以让欺凌者失去作恶的机会和理由。从整个学校层面着手治理欺凌问题时，需要设法解决6个方面的问题。它们分别是:

1. 政策文件
2. 政策落实
3. 客观因素
4. 面向教职员工和家长的支持系统
5. 面向学生的支持系统
6. 数据收集和评估系统

与奥运五环标志非常相似，每一个元素本身都自成体系，但又与其他元素紧密联系在一起。一个元素改变而不影响其他元素是不可能的。

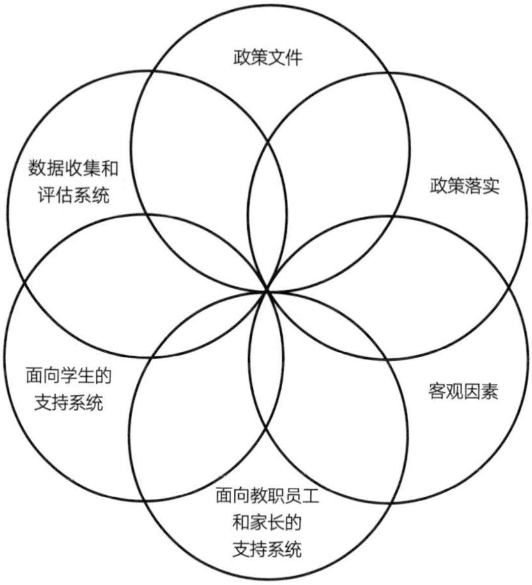

因此，我们将依次展开研究，并建构一个整体的图景，来了解什么样的管理方式可以兼顾所有的孩子，让那些欺负人的孩子和被欺负的孩子都能受到正确的对待。

1. 政策文件

政策文件是学校的运行指南，应该以教职员工、家长和学生能够接受的方式编写。以我作为教育心理学家的经验来看，如果学生认为老师在对他们“指手画脚”，他们就会用行动来抗议。老师应该向学生解释清楚，他们只是在执行行为准则、反欺凌方针、包容政策等，并不是无缘无故地挑剔他们。政策文件应该明确指出，在各种特定情况下，教职员工需要怎么做。同时，把政策文件分发到每个学生手上，会让师生之间的沟通亲切友好很多。另外，应该定时在一些学生团体活动中对政策文件进行讨论。这样，当学生们非常熟悉学校里都有哪些常规性的行为准则和应对欺凌的条款后，学生们就不会觉得被亏待了。

政策文件应该概述学校应对和处理欺凌行为的方式，还应该列举出欺凌的不同类型。政策文件要确保所有的学生，不管他们来自哪里、学习什么专业、在哪个班级或者他们的班级发生什么变化，都体验到同等的沟通和管理。反欺凌政策的目的，是最大程度消除学校内部对于哪些行为构成欺凌这个问题在态度和意见上可能存在的差异。

2. 政策落实

学校应该开展全面的调查活动，让所有的教职员工、学生和家长都参与进来。这么做的目的是确保校内外人员得知应对欺凌的措施是富有成效的，有助于校园里形成一种反欺凌的风气，并长期有效地遏制校园里的欺凌行为。当然，有的老师会自作主张，公然无视或不认真对待这些调查活动。这种情况下，学校需要识别并制止这些行为。

将政策付诸实践是一场工程浩大的持久战，学校的管理人员需要与学生配合（例如，通过校委会），并与校外相关机构的人员（如教育心理学家、教师顾问）合作。可以通过3种方式对政策落实情况进行审计：有针对性地、谨慎地观察眼前的所见所闻；定期对教职员工和学生进行采访，了解、记录他们在学校的经历；向教职员工、学生、家长和来访的专业人员发放调查问卷来收集信息。

3. 客观因素

欺凌是一种针对群体或个人的有预谋的攻击行为。在欺凌问题上，时机也是一个重要的因素，比如恶霸会在教学楼走廊、食堂或操场偶遇受害者。我在2016年做了一项调查，询问了2300多名中小学生遭受欺凌的经历。他们的答卷提供了很多信息，但最令人震惊的是他们对下面这个问题给出的答案。

去年你被欺负过吗？发生在哪里？（可以多选）

· 上学的路上

· 放学回家的路上

· 教学楼里

· 学校的操场上

· 住所附近

· 互联网上

· 其他地方

数据表明，学生们经历的欺凌大多发生在教学楼内。这就意味着学生们被欺负的时候，老师就在附近，甚至老师就在现场。我又向一部分教职员工提出了同样的问题（没给他们看学生们的答案），几乎所有受访的教职员工都以为操场是发生欺凌事件最多的地方，他们对教学楼内经常发生欺凌的事实感到相当震惊。

这里讨论的“客观因素”包括地点，如狭窄的区域、课间拥挤的地方等，小恶霸们知道这些地方是工作人员的“盲点”。另外还有上学和放学时的公交车站，以及站点与教学楼之间的路上。“客观因素”还包括时间，如教职员工日常巡查的换班时间、课间休息时间。

许多学生说，当他们在教室外面排队等待老师到来或让他们进入教室时，会发生欺凌。欺凌不一定需要很长时间，有时候，说一个极尽侮辱的词、一句含糊的威胁，给对方一拳或一脚猛击，都是在几秒钟内就能发生的事。要知道，当一些欺凌行为发生时，教职员工就算在场也不容易察觉。当然，教职员工不可能揪住每一次投机取巧的攻击，但确实有必要认真思考如何限制一些孩子欺负人的小心思。

调查客观因素的方法是，要把自己想象成这所学校里最大、最穷凶极恶的恶霸，到处走、到处看，带着凶神恶煞的目光和寡廉鲜耻的态度，寻找可以泄愤的时机和地点。楼梯井的底部、小树林、墙根、一些拐角处都是可以躲避老师视线的天然屏障。最好在地图上把它们标记下来，这些都是需要安排教职员工守护的地方。另外，最好在这些地方安置摄像头以减少欺凌的发生。

4. 面向教职员工和家长的支持系统

我们先来看看面向教职员工的支持系统。这一系统涉及 3 个相辅相成的要素：支持他们处理欺凌事件；支持他们在学校内发展有用的人际关系，包括与家长建立联系，与一些可能有困难的学生加强沟通；支持教职员工在学校履行职责，特别是当他们的工作涉及欺凌者和受害者时。

任何学校，不管是中学还是小学，并不是每个教职员工在看到欺凌行为时都能自信地干涉。学校需要制定一套恰当的支持方案，用来指导教职员工见到欺凌行为时应该怎么做。这可能意味着学校应该安排全体教职员工参加处理欺凌事件的培训，培训内容应包括深入探讨欺凌应对策略以及处理欺凌事件的基本流程。

孩子们能够从教职员工的实际行动中找到学校做出了改变的客观证据。如果校长向学生们宣布了将以全新的方式处理欺凌问题，孩子们会希望看到发生改变的切实证据。欺凌问题牵涉面很广，解决欺凌问题不是一朝一夕的事情。学生们希望看到的是成年人更密切地关注欺凌问题，并希望看到成年人对欺凌事件表现出与以往不同的反应。这是一个改变的信号，表明从此事情将会不同。下面我们来看看面向家长的支持系统。

在本节中，我将使用“家长”一词来表示所有的主要照顾者，这并非忽略其他照顾者，只是为了便于阅读。

欺凌者的家长和受害者的家长都需要支持，有时可能有必要寻求校外机构的帮助。处理欺凌事件，重要的是要确保学生的家长愿意与学校合作，工作人员要向他们解释学校的计划——学校要如何支持受害者、帮助欺凌者。因为，如果家长不认可学校的主张，不理解学校的处理方式，他们很可能会感到失望，而家长的挫败感又很可能会传递给他们的孩子。

听闻孩子身上发生了欺凌事件（无论孩子是欺凌者还是受害者），家长的第一反应很可能是震惊和不敢相信。伴随这些感觉的还有更容易引起冲动的“羞耻感”。羞耻是一种非常糟糕的反应，它在很多方面具有破坏性影响。

1992 年，唐纳德·L. 内桑森（Donald L. Nathanson）研究了羞耻这种情绪，并概述了这种强烈情绪的 4 种反应。因为有 4 个方向，他将自己的理论命名为“羞耻指南针”（The Compass of Shame），并用一个简单的图来表示：

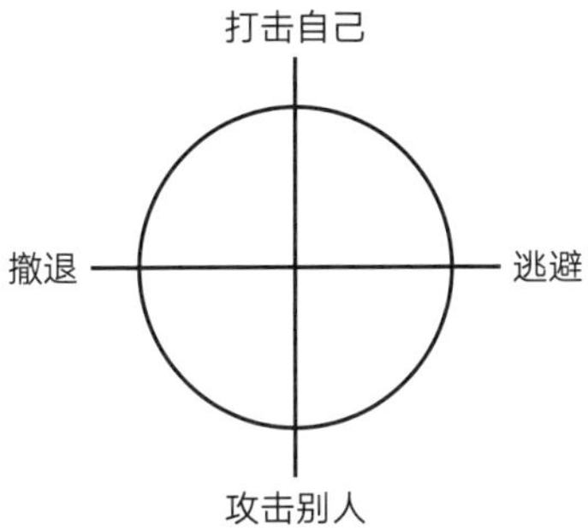

撤退

在这种情况下，家长可能会拒绝参与接下来的必要讨论。他们可能以前有过类似的经历，听过这些话，但是由于“习得性无助”，他们觉得自己做不了什么。他们可能会拒绝到学校来，还可能会找借口解释不能来的原因。当一个人感到不堪重负或者幻灭的时候，退缩是一种本能反应。羞耻就好像是一堆情绪肥料，许多其他的情绪种子可以在其中孕育发芽、茁壮成长。

攻击别人

这里需要讨论一下有关责备的问题。从小恶霸的家长的角度来看，因为孩子欺负了别人，他们满心羞耻，在羞耻心的怂恿下，他们会认为这是一场“指责大赛”：不是自己的错，就是别人的错。一种本能的反应可能是用可笑的逻辑把责任抛给学校，比如，“我的孩子在家里很乖，人见人夸，怎么到了学校就欺负人了？肯定是学校的错！”的确，学校内部可能存在某些问题，但这并不意味着孩子可以任意欺负他人。

他们还会指责受害者。在某些情况下，欺负人的孩子可能是当时受到了挑衅，做出了反应。重申一遍，有时，情况可能会是这样。但是，因此而欺负人仍然是不被接受的。

打击自己

很多时候，羞耻会指向自身，一些家长会因为孩子犯错而责备自己。我相信，一些教职员工很开心家长能有这种自觉，但这对事情并没有帮助。需要让家长明白的是，如果希望这些小恶霸有所改变，那么必须把孩子看成自主的个体，有能力判断正误，有能力做出合理的决定。

在这方面，重要的是制定一套联合办法。那些自责的家长会一直想着“都是我的错，我让我的孩子和学校失望了……”这种心态很难让人相信他们能够在没有支持的情况下处理好事情。不过，好在这类心怀愧疚的家长可能更愿意接受帮助和支持，努力处理这种情况。至少从这个角度来看，在他们的思路中，学校和家庭是结合在一起的。

逃避

对一些家长来说，他们很难接受自己的乖乖宝贝居然是恶霸，或者很难接受自己的孩子被欺负。面对事实，一些家长会采取逃避的策略来应对羞耻感。在这种防御策略中，第一要务是否认事实证据。一旦家长开启逃避模式，无论怎么劝他们面对问题、解决问题，很可能都是徒劳。

受害者的家长

一般来讲，他们的工作是最难做通的，因为他们往往希望公开鞭策恶霸，最好把恶霸的头钉在学校门口的柱子上。按照“羞耻指南针”

理论，他们很容易进入“攻击模式”。他们希望用公开惩罚恶霸的方式震慑其他孩子——“看！如果你敢欺负我的孩子，会是什么下场！”

受害者的家长大概不太想听“我们正在帮助欺负你孩子的恶霸，让他们知道自己错在哪里”这类话，他们只想“以其人之道，还治其人之身”。而且很多家长情急之下还会宣传他们与政府工作人员的关系，比如，“告诉你，市长是我哥们儿！”这种方式实际上是不可取的。欺负人的孩子和他们的家长必须接受欺凌行为的后果。与此同时，受害者的家长也需要把目光放长远，并接受这样一个事实：帮助欺凌者找到处理他们内在需求的正确途径，才能保证自己的孩子将来不再受欺负。

小恶霸的家长

我本来想说，“没有哪个家长愿意听到自己的孩子是个恶霸”，但很可能有些家长还真愿意。这种态度本身就能说明为什么他们的孩子有伤害他人的倾向。这些家长认为，进攻是处理问题的一种合理反应。与这些家长打交道本身就困难重重，需要进行坚定、持续的沟通以及做好情绪管理，要拿出帮助学生的态度去对待他们。与这些家长会面的目的，是帮助他们树立学校的规章和流程意识，让他们能够理解：“在学校里的时候，这是您的孩子应该做到的……”

不过，我相信大多数家长当听到他们的孩子欺负别人时，会感到恐惧。这些家长是需要重点关注的。对他们来说，第一反应很可能是震惊和怀疑。在这些感受之外，或许还有更糟糕的：他们认为自己对孩子成为恶霸这一事情负有一定的责任。这种认识通常与内疚和羞愧紧密相连。许多家长会因此而质疑他们养育子女的能力，关于这个问题，我们在第二章已经讨论过，这可能确实是一个需要考虑的因素，但一定要记住，这不是唯一的因素。在这些想法的驱动下，家长做出“羞耻指南针理论”中的任何一个反应都是有可能的。

应对家长的反应是与他们建立积极合作伙伴关系的关键，这样才能帮小恶霸们找到更好的方法来减少欺负他人的心理需求。实事求是地说，有些家长根本不愿意配合学校的工作，他们非常固执。这些家长很可能会破坏学校解决欺凌问题的效果。这是一个需要认真考量的问题。

与家长发展合作关系

在某些情况下，没能调动家长充分参与，则意味着学生和学校系统的配合就达不到预期效果了。

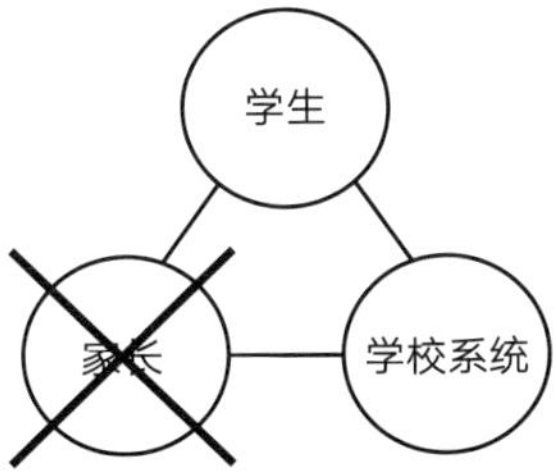

为了让家长积极参与进来，学校工作人员必须帮助他们调整心态，

让他们了解帮助小恶霸是有价值的。这种认知上的转变对家长是至关重要的。他们需要认识到，这个问题指向的是一个在学校里迷失了方向的孩子，这个欺负人的孩子需要的是帮助，而不是惩罚。这是一个基本的起点。一个比较好的方法是让家长参与到各种活动中来，包括相关的研讨会和讲座，与他们一起讨论本书中涉及的诸多主题。工作人员应该劝导他们改变自己的措辞，例如，应该学会避免使用“恶霸”这个词来称呼孩子，而是换成“欺负人的孩子”。

我在推广这种方法的时候总会遇到一个难题，每到一所学校，我几乎都能听到学校校医、校长、副校长在我耳边嘟囔：“是的，格雷厄姆，你说得对，这很好，可是……”没错，当学校为家长们举办这类讲座，宣传这类帮扶小组，希望为家长提供建议和指导时，愿意参加讲座的，几乎都是那些不一定需要参加的人，而最令人担心的孩子的家长似乎从来不参加，他们只会在有机会指责、控诉、打击和嘲笑的场合出现。

这是一个问题，但不是障碍。举办这些讲座的目的是改变大家对处理欺凌问题方式的看法。即使这些迟迟不肯露面的家长没有听到来自学校的第一手信息，但通过与他人交流，通过学校和其他专业团队发布的文献、电子邮件和短信，这些家长也会注意到人们的视角正在发生变化。我们深知事情会朝着这个趋势发展，正如我们在第四章介绍的“连锁反应”，各种消息会在社区中扩散，而且有可能产生由外而内的影响。这似乎需要大量的信息来推动影响效果。然而，为了持续转变家长的态度，学校需要将新的思维和行为生成一种社会规范，然后使其成为处理欺凌问题的常规方式。

一旦“三要素”中的教职员工和大部分家长完成了这种思想和行为上的转变，那么学校就终于可以把注意力转向为学生们提供帮助了。在抓住小恶霸的内部结构并撬开他们坚硬的外壳之前，要确保鸟巢里已经铺好了柔软温暖的羽毛。他们就像脆弱的雏鸟，从充满欺凌的封闭世界里破壳而出，将要在一个崭新的世界里生存——他们曾经用对抗当作坚硬的保护壳，但现在这层保护壳已不复存在。

5. 面向学生的支持系统

这是整套计划的关键，也是本书的核心内容。到目前为止，我们探讨的所有的理论都将彰显它们的意义。我们在探讨面向学生的支持系统之前，先来探讨一下数据收集和评估系统，然后用接下来的章节来探讨面向学生的支持系统。

信不信由你，尽管探讨欺凌问题的各种专著、心理学论文多到数不清，但是，有一个简单的答案可以回答这一切。一所学校、一个机构中的教育工作者，如果他们将孩子的利益放在第一位，那么他们所要做的只不过就是——我知道这听起来很简单，但这能减少甚至消除孩子欺负他人的需要——去找喜欢欺负别人的学生，并对他们说……

6. 数据收集和评估系统

欺凌行为很可能像一只变色龙，当学校在某方面问题上加大措施，恶霸就会随之调整适应。在校园里，只有让欺凌者“无空可钻”，才能限制他们的行为。因此，收集数据是很重要的。那么，需要收集哪种数据呢？收集数据的途径有哪些呢？下面我们来探讨一下。

定量数据和定性数据

简而言之，“定量数据”指以数字形式呈现的信息。如果学校的工作人员想要生成一份定量数据资料，他们可能会调查这个月有多少学生因为长相而遭到殴打或嘲笑；哪一种原因引起的欺凌事件最多；有多少比例的学生会发起反击；在学校里，欺凌者的男女比例是怎样的；最常见的欺凌类型是什么，是言语上的、种族歧视方面的，还是身体上的，等等。所有这些问题都与数据相关，可以通过各种方式进行收集。

“定性数据”是以文字形式呈现的信息，如果运用得当，定性数据会比单纯依靠定量数据更能反映学校的欺凌情况。这一调查包括问学生这样一些问题：你经历过哪种类型的欺凌？你认为最糟糕的欺凌类型是什么？你认为应该做些什么来减少校园欺凌？学校还可以邀请家长做问卷，询问他们认为应当如何为孩子们提供帮助。

定性数据信息是建立学校个性化数据的关键，这是受到欺凌直接影响的学生讲述的他们的所见所闻和感受，能触及问题的核心。定量数据有助于进行年度对比分析，而定性数据有助于了解更具体的情况。对比之下的结论可能是这样的：学校里的暴力欺凌行为下降了 10%，但与以往相比，越来越多的孩子表示，老师倾向于将欺凌行为视为“闹着玩”而不予理睬。

收集欺凌相关数据的途径有很多种，选择使用哪种途径在很大程度上取决于学校想要收集什么样的信息，以及同样重要的，想通过了解这些信息来做些什么。下面列举了一些收集数据的途径，但要注意，收集数据这一方式本身具有一定的局限性。

问卷和调查

问卷和调查之间的本质区别是，问卷这种途径的参与人数一般比较少，比如一个班级或一个年级。调查往往面对的是更大数量的人群，比如全校师生，甚至包括并没有孩子在这所学校上学的附近居民。这两种方法共同的优点是可以询问非常具体的问题。问题有下面 3 种主要形式。

封闭式问题，比如：

上个月你在学校有被欺负过吗?

☐ 有　　☐ 没有

答案更加灵活的问题，比如：

你在上学期间是否遭遇过欺凌？（单选）

□ 从未　□ 偶尔　□ 经常　□ 从未间断

寻求定性答案的问题，比如：

请在下面的方框中描述你经历过的一次欺凌。如果你没有遭遇过欺凌，请描述你目睹过的一次欺凌事件。

在这里写下你的答案：

在收集最后一种类型的信息时，需要考虑一些限制因素。最需要考虑的因素大概就是受访者的文化水平，其他要考虑的因素包括选择什么时候、什么地点让孩子写下这些可能招致报复的证词。

在合适的时间、合适的地点，向相关的人收集这些信息会非常有用。然而，考虑到让学生在答卷上写出他们的经历会有一定的局限性，最好还是直接问学生，这样做也更便捷。

访谈、聊天

访谈和聊天之间有很大的区别，后者更灵活、更生动，对话双方在聊天的过程中还能自由切换话题。访谈则往往是单向的，节奏更加紧凑，而且提出的问题是提前组织好的，很难因人而异。通过访谈这种方式，访问者可以在较短的时间内，就一些限定的主题和问题收集信息。

其实，开展“半组织化”的访谈是完全可行的。在这样的访谈中，访问者可以问一系列既定的问题，同时也可以根据受访者的回答或回答方式随机提出其他问题。运用这种方式能够收集大量的信息，但也会增加分析工作的难度，因为获得的答案范围更广，也更有深度。

通过与人聊天来收集信息的方式有优点也有缺点。与孩子们谈话时需要多加思考，尤其是涉及诸如欺凌等情绪化的问题时。要考虑的问题有：由谁、什么时间、什么地点，以及最重要的，在谁的陪同下进行交流。一个明显的问题是，成年人与孩子之间年龄、权力的差距会影响孩子的回答，有时他们会琢磨并说出成年人想要的回答，而不会说出自己内心的真实想法。另外，还要注意孩子应该是自愿交流的，而且必须选择一处让孩子感到安心的地方，在相互理解和信任的气氛中进行交流。

鼓励孩子说出他们的欺凌经历并对此保密，这是十分重要的。如果能做到这一点，就能获得大量有价值的数据，从这些数据中，或许还能找到处理欺凌问题的方法。

以孩子们的视角去了解他们所经历的事情是非常重要的，但假如这条渠道暂时缺失，那么只能通过观察的方法来了解学校里的欺凌事件发生的情况。

观察

用观察的方法去收集信息有一个非常明显的缺点——观察者的在场会改变当时情景的社会动态。数不清有多少次，我在某个教室里认真观察了一整天，沮丧的老师问我能不能再观察几天，因为这是“混世魔王”唯一老老实实的一天。我们这些教育心理学家，不管怎么说也不是得道的仙人，能在隐身的情况下就点化误入歧途的孩子。我们的出现改变了教室里的社会状况，被欺负的孩子很识相地知道应该怎么做，平时喜欢欺负人的孩子也知道掩饰本性了。

聘用观察员可能会减少欺凌事件的发生率，但最好还是安排一些经验丰富的教职员工在学校里四处巡查，随时关注校园动态。话虽如此，有些时候，聘用观察员还是非常有必要的，因为这些“客人”往往会问一些听起来很幼稚的问题，比如，“你为什么要那样做？”或者，“为什么孩子们都在这些地方待着，而不去那些地方？”

校园生活日复一日，周而复始，这很可能带来一个问题——人们的大脑已经固化，老师和学生往往对每天发生的事情习以为常，大家每天奔走在由作息表和课程表框定的世界里，而“看”不到身边的问题，也忘记了思考自己在做什么、为什么事情会这样。比起停下来思考，说一句“我们一直都是这样呀！”似乎更容易。聘请观察员往往能够发现老师们没有关注到的问题，而在日常校园生活中，小恶霸们可能正是钻了这些空子，去欺负、伤害他人。

因此，制定观察日程表是非常重要的。观察日程表有多种形式，但其基本的功能都是提醒观察者关注特定的问题，并做好记录。需要关注并记录的特定问题包括：每隔一段时间某个需要特别关注的孩子在做什么；某种特定类型行为的发生频率是怎么样的；在教学楼、操场等地方，有哪些位置是盲区；师生之间的互动方式以及学生之间的互动方式是怎样的……

观察确实有其局限性，但如果使用得当，也可以成为有价值的信息来源。

评估数据

只有把收集的数据运用到实际工作中，收集数据这件事才是有意义的。如果只是为了应对教育局的检查等类似的目的才收集数据，那纯粹是在浪费宝贵的时间和精力。正如我们上面提到的，学校不仅要收集“定量数据”，还要收集“定性数据”。将收集到的信息加载到数据库中，可以进行对比和应用。

与欺凌相关的数据应该是独立的、信息量丰富的。欺凌包含不同的类型，每一种都需要被识别和记录。弄清楚在什么时间、什么地点发生了哪种类型的欺凌，有助于全面了解欺凌事件，而且还有助于找到应对策略。例如，如果已经知道很多欺凌都发生在教学楼的走廊里，那么就可以安排教职员工去巡视，或者在条件允许的情况下，让学生在学校里分时段活动。这本身不太可能杜绝欺凌行为，但作为在整个学校范围推广的措施，这能够减少孩子欺负他人的机会。

然而，数据本身并不能解决校园欺凌问题，学校应该充分落实政策文件，动员所有的教职员工参与进来，鼓励家长们齐心协力。如果想有效地解决欺凌问题，就要把这些工作做到位。然而，就算教职员工都摩拳擦掌，准备好了大显身手，家长们也支持学校的工作，但是撬动校园欺凌这座大山的唯一支点是学校里最大的群体——学生。为了减少校园欺凌，教职员工要做好处于欺凌风暴中心的学生的工作。

第七章

填补“抗逆之墙”

面向学生的支持系统

最重要的保护性因素是

“让孩子免受家庭打击和暴力”，

缺失这项保护性因素是导致欺凌的最明显诱因。

CHAPTER SEVEN

我们已经知道，从整个学校层面着手治理欺凌问题时，需要设法解决6个方面的问题，这一章我们来详细探讨第5个方面——面向学生的支持系统。上一章提到有一个简单的答案可以回答这一切，那就是去找喜欢欺负别人的学生，并对他们说：

“让我们找到更好的方法来应对你的愤怒和伤痛。欺负别人并不能消除你的痛苦，这样做只会让你感觉更糟。这里还有一些其他方法，可以让你感觉更好。我们一起改变好吗？”

所谓“简单的解决办法”往往确实是最有效的办法，但只是看似简单，真正操作起来既复杂又具有挑战性。为了有效减少欺凌，我们需要帮助那些选择欺负别人的孩子解决一些潜在的问题，来阻止他们产生欺负人的需求。用行为学术语来说，需要找到一种机制，让欺负人的孩子能够通过这套机制更好地满足自身的需求，即：用社会能够接受的行为来满足自身的需求。

在开始探讨改变小恶霸的方法之前，我来简单介绍一个关于理解个性和行为动机的理论，它能帮助我们思考可以做些什么来帮助那些小恶霸，以及对那些觉得有必要欺负别人的孩子来说，“转变信念”的潜在障碍是什么。

约哈里窗户理论

我在《来自星星的孩子》一书中介绍过这个理论，这是一个在很多方面都很有用的心理训练模型。“约哈里”这个名字来自它的两位创建者名字的组合。20 世纪 50 年代，美国著名社会心理学家约瑟夫·勒夫特（Joseph Luft）和哈林顿·英格拉姆（Harrington Ingham）开发了这套理论方法，用来帮助人们建立更强大的元认知意识。

	自己知道的	自己不知道的
别人知道的	公开区域	盲点区域
别人不知道的	隐藏区域	未知区域

如图所示，“约哈里窗户理论”包括4个区域，这些区域中描述的是关于一个人的信息（包括性格特质）。“公开区域”中的信息是有目共睹的，也就是说，包括你在内的所有人或很多人都知道你的这些信息。这部分信息是你让别人看到的，别人可以通过这些信息来了解你这个人。这些信息可以很简单，比如你的外貌、你的名字、你住的地方以及你的家庭信息。不同的人对你的了解程度显然是不同的，根据第一章讲到的“亲密关系圈理论”可知，在你的亲密关系圈中，离中心越远的人，你对他“开放”的信息就越少。这些公开的信息里，还有一些更私密的，比如你有阅读障碍、你不会游泳、你不喜欢蜘蛛，甚至可能有令人尴尬的隐私，比如你晚上还会尿床。

就本书的主题来说，“隐藏区域”是我们要重点讨论的，稍后探讨应该怎样帮助欺负人的孩子找到新的社交方式时，还会再次提到这一区域。这个区域中的信息被你隐藏起来了，你不会让别人看到，这些信息分为两种：

· 只有你知道的一些关于自己的信息，比如你认为自己没用或者长得丑。

· 大多数人不知道的一些关于你的信息。再一次，亲密关系圈理论在这里显得很重要。例如，一个老师在试图疏导一个欺负人的孩子时，未必知道这个孩子的许多重要情况。然而，了解这些事实也许能够帮助老师理解为什么这个孩子当时会欺负别人。

这类信息有些是轻松愉悦的，比如“我家有个小宝宝，闹得我每天睡不好”；有些是比较严肃的，比如“学校里有人欺负我”或者“我亲眼见过家庭暴力”；甚至可能是恶性事件，比如“我在家里常常被殴打和虐待”。对于许多小恶霸来说，“隐藏区域”内的信息很可能是他们欺负别人的原因，一些小恶霸希望通过获得掌控感来抵消他们“隐藏区域”带来的无助感。

窗户的右上位置是“盲点区域”，这是更引人深思的区域。“盲点区域”中可能包含着一个人有病理问题的信息，比如一个人患有多动症、抽动秽语综合征或自闭症谱系障碍。作为一名教育心理学家，我经常与忧心忡忡的家长打交道，他们不希望孩子知道自己患有这类病症。家长不愿意告诉孩子他们“有病”，很大一部分原因是害怕他人给孩子贴标签。通常在这些情况下，当孩子到了一定年龄，还是告诉他们真实情况为好。把这些信息放到“公开区域”，也许正是他们所需要的。对许多孩子来说，这会是一个巨大的解脱，因为他们知道了自己的行为或想法与别人不同的原因。

最后一个窗户为“未知区域”，即：关于你的一些信息，你自己和周围的人都不知道。之所以说它们是未知的，是因为尽管所有人都没有认识到你的一些性格特质，但在未来的一些环境中，你很可能会在复杂的心灵仓库中看到这些特质的出现。

从这个理论中我们可以看出，信息是非常重要的，了解一个人的动机就是要从一系列缘由之中构建一幅画面。如果想有效地引导一个欺负人的孩子，就需要理解这套理论带给我们的一个关键的思考，那就是：

孩子欺负别人总是有原因的。

然而，孩子自己并不一定清楚这一点，而想要帮助孩子的人也未必知道。因此，解决问题的方式不是审判、驳斥，而是怀着理解、同情和善意去帮助孩子理清一些问题。当我们和孩子耐心交流，让他们相信我们的善意，重视我们的支持，我们往往就能打开他们的心门，得到源源不断的信息，就像这样：

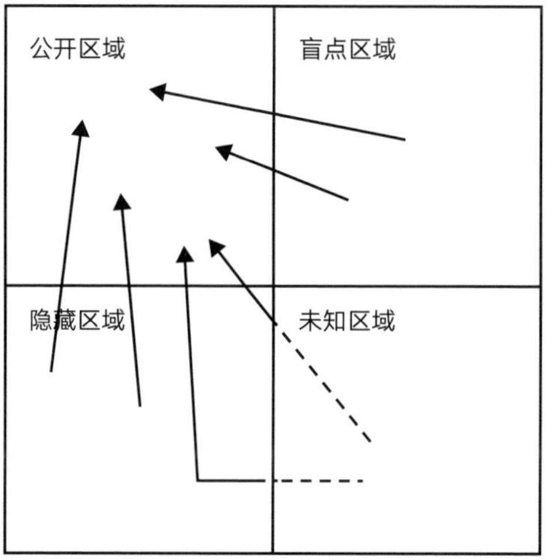

将了解信息转化为对自己的认识的活动通常被称为“情感素养”，通过这个过程，孩子们对自己是谁以及对事物的感受会有更深刻的理解。然而，提高情感素养只成功了一半，另一半与利用强大的“先天

资源”有关，我们稍后会详细讲解。

提高学生的情感素养

情感素养也被称为“情绪智商”或“情商”，它关乎情感认知的成长和发育问题。我们需要思考以下两个问题：真的能说所有的恶霸都是低情商吗？把所有的欺凌行为都归结为他们情商不足，这样的结论公平吗？无论如何，我觉得这种观念是狭隘的。我们先来了解一下什么是情商，通过了解这一概念，我们来思考从哪里着手去疏导欺凌者的内心——约哈里窗户的隐藏区。

情商的说法由来已久，但直到20世纪90年代中期才真正流行起来。就像智力测试一样，许多情商培训师相信，情绪敏感度也可以被测量和评估。从本质上讲，情商有两个组成部分：

1. 了解我们自己以及我们的情绪

2. 了解别人的想法和感受

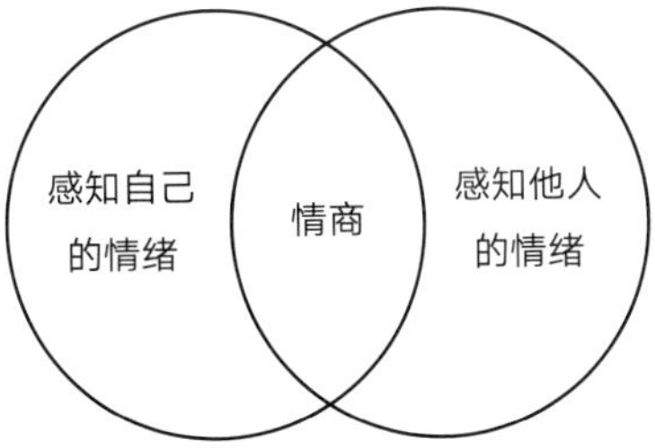

随着人们对这一领域的认识不断加深，兴趣越来越浓厚，最近的一些研究将情商分解成了 5 个独立的部分。这里我们有必要了解一下它们，因为我们可以从中看到需要在哪些方面帮助欺负人的孩子。这 5 个部分是：

- 自我意识
- 自我调控的能力
- 自我激励的能力
- 共情能力
- 社交技能

自我意识

自我意识是对自己情感的认识，包括认识当下的情绪以及这些情绪如何促使自己以某种方式行动。我们在第二章中看到，自我意识是米歇尔·波巴自尊理论中的一块基石，她称之为“自我”。个人需要监控自己的情绪，并意识到自己什么时候会变得愤怒、失去理智或心烦意乱，然后告诉自己适时冷静下来，寻求帮助，或者干脆“走开”。丹尼尔·戈尔曼（Daniel Goleman）认为，拥有成熟的自我意识的人能够笑谈自己的失败，并且知道别人是如何看待自己的。

自我调控的能力

自我调控是一个人控制自己情绪的能力，通常表现为“说话或行动之前先思考”的能力。在这方面成熟的人能够为自己的行为负责，并有能力对他人的情绪做出恰当的反应。我在《来自星星的孩子》一书里讲到，边缘系统负责情绪反应和情绪记忆，大脑额叶负责抑制冲动，帮助人们进行自我调控。然而，青少年大脑的额叶的影响力减弱了，边缘系统接管了大量的复杂决策，这就难怪青少年更容易冲动鲁莽。我并不是说这就是青少年欺凌别人的缘由，因为显然不是所有的青少年都欺负别人，但这确实从一个方面解释了为什么青少年对欺凌场景的反应会如此激烈。需要注意的是，正常情况下，随着年龄的增长，青少年大脑额叶的影响力也会增强，会从“情绪化的导航员”到“反应性副驾驶”，再到“理性的机长”。

自我激励的能力

“自我激励”这一概念是复杂且多元的，跨越了不同的心理学学科。在这里，自我激励能力与抗逆能力以及迎难而上的观念有关。自我激励能力成熟的表现通常是指，一个人愿意改变自己的行为是为了个人好处，而不是为了满足更多外部激励因素（如取悦他人）。就欺凌行为而言，尽管欺负人的孩子知道人们愿意看热闹，甚至人们怂恿他们去欺负别人，但随着他们的思维日渐成熟，他们能够明白，改掉欺负别人的习惯对他们是有利的，可以避免自己被排斥。对欺凌者来说，自我激励能力的成熟意味着不再因为社交压力而欺负别人。

共情能力

我曾与一些中小学教师、校长交流，他们普遍认为欺凌者似乎没有很强的同理心。的确，一些欺负人的孩子可能没有成熟的共情能力，不能解读别人的情绪，也不能理解别人对他们行为的反应。一些研究表明，欺负他人的孩子身上具有的某些性格特征会阻碍他们理解别人，他们并非有意识地忽略自己的欺凌行为对他人的影响，而是生活经历导致他们没有发展超越眼前需求的思考能力。

然而，这不是绝对的，一些欺凌者也很有可能有同理心却不关心他人的感受。也许对他们来说，满足自己的需求远比照顾他人的需求重要。这里不得不提到第三章讲到的“计划行为理论”。对一些孩子来说，尽管他们的行为给别人带来了伤害和痛苦，但他们只图自己获利，而不管别人的感受。

社交技能

社交技能是我们适应社会环境、与他人沟通交流的工具。翻阅世界历史类书籍，我们可以列举一长串的领袖、军事家和政治家的名单，这些人尽管有明显的人格缺陷或极端的观点，但在大多数情况下，却都能展现出卓越的社交技能，保护自己的地位不被推翻。

很多（但不是所有）恶霸都拥有良好的社交技能，他们能一次又一次地召集大批追随者帮衬自己，使欺凌行为达到他们想要的效果。即使是恶霸，仅凭单打独斗也难以为继，他们需要社交支援才能继续作恶。小恶霸们通常善于联络、沟通和领导。这种技能让他们当上了“孩子王”，确切地说，成了“害群之马”。

面向学生的支持系统

现在我们开始重点探讨治理欺凌问题的第 5 个方面——面向学生的支持系统。采用“欺凌圈”的思路，我们把学生分为 3 组。

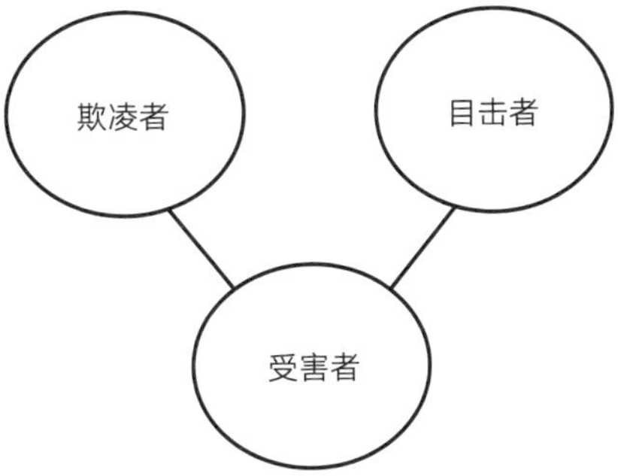

我能意识到这里的界限有些模糊，特别是我们已经知道，许多欺负别人的孩子自己也常常被欺负，而一些目击者中也包括欺凌者的追随者（帮凶）和积极的支持者。在本章中，为了便于理解，我们先将

学生分成3组来讨论。

从整个学校层面来看，如果想有效减少校园欺凌事件，就需要找到一种能够与这3组学生有效互动的方式。下面我们来依次探讨他们各自的心理学特征。首先从受害者开始，然后在本章的后半部分探讨帮助欺凌者的关键是什么。在本书的最后一章，当我们思考如何营造一种反欺凌的校园文化时，我们再讨论如何对待目击者（其余所有人）。

支持受害者

支持受害者的思路并不新鲜，一旦学校发生了欺凌事件，这也许是一贯的处理方法。在我调查过的绝大多数学校里，人们的第一反应基本上都是支持受害者，希望通过谴责或排斥来惩罚恶霸。我希望你读过本书后明白这不是一种有效的方法，当然这也并不意味着对受害者不管不顾。事实上，有两种截然不同但又相互补充的方法可以帮助校园欺凌事件的受害者。第一种方法是在情感上给予他们支持，第二种方法是在社交上帮助他们，这两种方法都是为了减少他们再次被欺负的机会。在帮助他们之前，还需要考虑应该使用哪些学校资源来帮助他们。一厢情愿地帮扶，或者在没有征得他们同意的情况下实施心理康复项目，会增加他们的无助感。

需要注意的是，成年人（教职员工和家长）与受害者沟通可能会非常困难，因为孩子可能会感到尴尬、羞愧，或者害怕因配合老师、家长而遭到报复。毕竟，在老师、家长发现之前，孩子可能已经被欺负了很长一段时间（被欺负的信息从“隐藏区域”转移到了“公开区域”）。成年人知道了这种情况，这对受害者来说是一种更复杂的社会情况，被欺负的信息的揭露，可能会对受害者的情绪产生潜在的影响。羞耻感和恐惧感是很难调解的强烈情绪，它们可能会产生激烈的行为反应，也可能会阻碍受害者接受帮助。

因此，重要的是，成年人在做受害者的工作时，要足够敏感，并遵从心理治疗师通常所说的“和谐一致”原则。“和谐一致”指的是双方在解决面临的困难前达成开放和真诚的理解的过程。在共同解决问题时，统一思想有助于形成融洽的关系，思考和解决问题对双方来说就水到渠成了。

如今，毫不夸张地说，各个学校都可以轻轻松松地获取不计其数的资源来应对欺凌问题，比如书籍、网络视频和学术论文等。我鼓励广泛探索新旧资源，因为一个好的建议在许多年以后仍然是好的。重要的是，无论使用什么资源，采取什么样的处理方法，对受害学生的任何干预都必须谨慎处理。我们应该对不同的学生量身定制不同的帮扶措施，并且应该提前征得学生的同意，这样他们就知道应该抱着什么样的预期，积极配合成年人会得到什么帮助。下面概述了一些帮助受害学生的一般准则。

关注孩子、倾听孩子

从孩子的角度去详细了解他们所经历的事情是非常重要的，因为这就是他们眼中的现实、他们的想法、他们的观点和他们的理解，我们要让孩子与他们眼中的世界和解。特别是当被欺负的孩子对事件的看法与目击者不同时，这种视角尤其重要。在某些情况下，遭受欺凌会导致受害者对含蓄的批评过于敏感，或者把偶然听到的玩笑话当成是针对自己的指责。关注受害者，也是在告诉他们，成年人认可他们作为独立个体的重要性，成年人用行动让他们觉得自己是有价值的人，值得成年人为他们投入时间。

探索解决方案

对被欺负的孩子施以援手的成年人可能会被置于一种困境——既然欺凌行为已经确立，受害者可能想让成年人即刻给出明确的答案，告诉他们学校会做些什么、怎么处理这件事情。这种问题如果处理不好，做受害者工作的成年人会承受很大的压力。另外，许多成年人很容易冲动，一股脑儿提出一系列解决方案。要知道，对于刚刚遭受欺凌的孩子来说，他们鼻青脸肿、心中憋屈，大脑还在纠结采取“逃跑”还是“冻结”模式，这时无论怎么谆谆教导，给出诸如“别理会这些”“别担心”“直接走开好了”之类的建议都不太可能奏效。

因此，成年人要为受害者提供一些选择和思考技能，假如再一次遇到欺凌者，这些技能可以帮助他们减少伤害。这里有很多方法，如果孩子愿意，可以引导他们进行角色扮演，写下脚本并牢记在心。如果他们接受，相对切实可行的策略通常是避开欺凌经常发生的地方，但若受害者无法避开这些地方，那么应该实施一些措施来减少孩子们相处的时间。这些措施不可避免地会牵涉到其他学生，我们将在下一章详细讨论。

在提供措施方面，成年人和孩子应该共同选择、共同构建解决方案，这比生硬地告诉孩子“做什么”和“别做什么”，更能调动孩子的主动性。

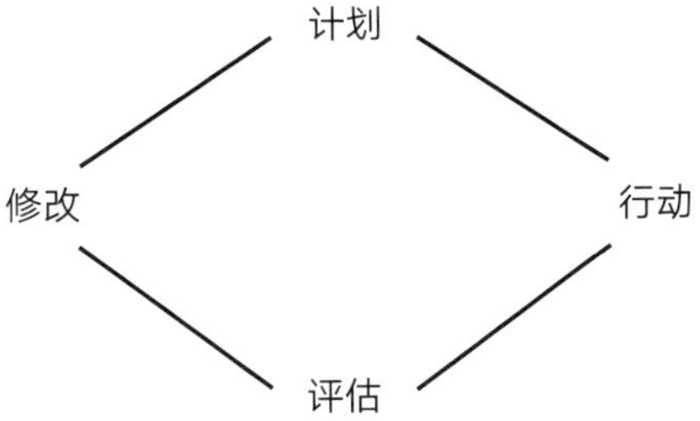

在这种“计划—评估”模式中，重要的是，成年人要帮助孩子们利用他们所能够利用的一切资源，包括团结其他学生以及调动校园里其他可能会站出来反对欺凌者的人群。

另外，作为共同解决方案的一部分，还要询问被欺负的孩子，学校可以做些什么来让他们感到安全。记住，尽量不要改变他们的日常生活安排。被欺负的孩子没有错，他们不应该被要求做出改变。可以在整体范围内进行调整，比如全盘调整教室座位或校车座位，而不是单单把被欺负的孩子从欺负人的孩子身边挪开。如果有必要采取明显的行动，比如调换班级，那么，被欺负的孩子不应该被迫调换，除非他们想这么做。

在制订行动计划的这个阶段，学生、教职员工和家长之间应该坦诚交流，比如讨论在学校政策的基础上可以采取的措施。要谨记，成年人应该避免讨论如何惩罚欺凌者，因为这样的讨论对解决问题毫无帮助，反而会助长一种报复文化，但有必要向被欺负的孩子保证，学校也会支持欺凌者停止欺凌行为，并让欺凌者自己做出改变。

坚持不懈

欺凌现象不可能在一夜之间结束，处理欺凌事件的成年人要承诺制止这种行为，并始终如一地帮助被欺负的孩子和欺负人的孩子。改变需要时间，想要有效地帮助欺凌事件中的双方，不仅要改变他们的思维、行动和回应对方的方式，还要从更广泛的校园社群层面上改变他们对别人的想法和态度。在这种改变的过程中，孩子可能会遇到困难，情感上也需要适应期，所有这些都不是一蹴而就的。改变很少能一帆风顺，但总归是一个循序渐进的过程。

后续行动

欺凌是一种会反复发生的行为，因此需要所有人通力协作，持之以恒地抵制它。可以预见的是，通过在整个学校范围内开展行动，制止欺凌不再是一件遥不可及的事情，反欺凌的文化氛围和系统性实践有助于在更大的范围内彰显出一种态度，即校园拒绝欺凌。如果要确保欺负人的孩子停止他们的攻击性行为，需要掀起反欺凌文化的舆论浪潮。这就好比，当我们掀起反欺凌文化的浪潮时，我们应该将欺凌者安置在克努特国王[1]的椅子上，而不是任由他们像丧家之犬一样被愤怒的、失去理智的舆论大浪吞没。

支持欺负他人的孩子

很多人难以接受这一点，可能是因为“恶有恶报”“犯错就要受罚”等观念已经根深蒂固。关于这个问题的研究已经很清楚了，仅仅惩罚欺负人的孩子不仅不能消除他们想要欺负人的内在需求，还会导致恶性循环。事实上，欺负人的孩子会对自己受到惩罚感到不服气，这很可能会导致他们更想欺负人。从他们的角度看，他们会觉得自己被惩罚了两次：他们的生活经历给他们带来了痛苦，让他们产生了欺负别人的欲望；学校又惩罚了他们。支持欺负人的孩子应该本着“适当的处罚”和“有针对性的帮扶”的原则。

鼓励欺凌者改变自我是非常重要的。为了更好地探讨这一点，我想介绍一个非常实用的关于改变的模型。1977 年，詹姆斯·普罗查斯卡（James Prochaska）和卡罗·迪克莱门特（Carlo DiClemente）提出了“跨理论模式原理”，也被称为“阶段变化模型”。尽管这个理论

1. 克努特国王，即丹麦国王，1018—1035 年在位。丹麦历代王者所发展起来的海盗帝国，即北海帝国，在克努特手里达到了顶峰。

最初被用于研究吸烟者戒烟的各个阶段，但它仍然是关于改变的标准模型，可以用来帮助那些选择欺负人的孩子。

从本质上讲，这个理论描述了从“不作为”到“长期承诺做出更好的行为”的 6 个不同阶段的变化过程，并设定了一个阶梯循环。如果想有效地鼓励孩子做出改变，就必须了解孩子在这个改变周期中的位置。这样做可以帮助确定交流的切入点，并帮助孩子规划出当下应该做什么、下一步需要做什么，督促孩子发自内心地改正错误。阶段变化模型和我们之前讲过的“计划行为理论”有很多交叉，这两种理论都能帮助我们理解欺凌者的内心世界，而且可以引导我们与他们展开必要的讨论。

第 1 阶段：前预期阶段

在这个阶段，欺负人的孩子对改变不感兴趣。这个阶段的特征可以概括为“我不想改变我的行为”。小恶霸们很清楚，欺负别人可以得到很多。他们可能也知道欺负别人的后果会是什么样的，但经过一番掂量，他们相信欺负他人是值得的。实际上，他们乐于承担自己行为的后果，以品尝欺负他人带来的成就感。惩罚并不会促使他们觉得需要改变自己的行为。

在前预期阶段，你想要改变他们思想和行为的任何尝试都会受到阻挠。如果你坚持要他们做出改变，他们会感到沮丧，甚至表现出愤怒。所以在这个阶段，作为帮助他们的成年人，切记不要强迫他们去改变。

与一个处于前预期阶段的、欺负人的孩子交流，应该讨论的是，改变可以带来哪些好处，而不是用负面结果来恐吓。

新的价值观需要相当长的时间才能渗透到他们的意识思维当中，这是因为他们往往倾向于夸大从欺凌行为中得到的好处。他们可能不承认自己欺负过别人，用逃避的方式来应付你，因为他们觉得没必要做出改变。这显然是改变模型中一个很棘手的阶段，应该小心、耐心地处理。

关键是要坚持不懈。我们要鼓励孩子战胜认知惰性，树立更开放的思维，鼓励孩子经常反思自己的思维，让他们意识到改变可以带来的各种好处，这通常是很有用的。与欺负人的孩子沟通往往会遇到很多困难，重要的是，我们作为成年人，不要表现出挫败感，不要使用批判性的语言。还有一点也很重要，那就是我们要了解一些有关这类交涉的神经学知识。美国神经学教授弗朗西斯·詹森（Frances Jensen）认为，这些看似毫无结果的讨论其实是有益的，因为仅仅是谈论不同的选择和可能的改变，就会迫使大脑额叶进行处理，最终会压倒更情绪化和防御性的部分，使得大脑做出考虑改变的决定。詹森已经发表并广泛传播了这些知识，并与艾米·艾利斯·纳特（Amy Ellis Nutt）合著了《青春期的烦“脑”》一书。

第 2 阶段：预期阶段

正是在这个阶段，欺负人的孩子开始看到改变的好处。他们可能会问类似这样的问题："那对我有什么好处？"这是思想上的一个根本转变，因为他们已经开始考虑不欺负别人是有好处的。需要注意的是，在这个阶段，他们还没有从行动上做出改变，只是在考虑为什么应该改变。一种可行的办法是，组织分享活动，让曾经是小恶霸、现在已经改正了的高年级孩子谈一谈他们的感受，说一说改变行为习惯给他们带来了什么好处。显然，组织这项活动需要谨慎，但如果欺负人的孩子无法摆脱欺负人的欲望，这是一种可行之策。

预期阶段的"思想者"们开始认识到停止欺凌可以带来短期和长期利益。在这个阶段，我们成年人要记住，不要对孩子提出的改变的理由过于挑剔。他们开始提出的理由可能是自私的，也可能是无关紧要的，但这个阶段的关键是，他们已经意识到了，改变是可能的，也是可行的。在这个阶段，欺负人的孩子开始对改变产生兴趣，他们开始计划着做一些不同的事情。

第 3 阶段：准备阶段

在这个阶段，欺负人的孩子可能会问："那需要做什么？"这一阶段通常也被称为"决策阶段"，在这个阶段我们需要花大量时间去规划切实可行的策略，以免这些孩子再次欺负别人。因为欺凌行为是一种"观赏性活动"，涉及的不仅仅是欺凌者和受害者，所以需要制订一些计划来修正其他人的期待。也许欺凌行为的一个特殊之处在于，其他人的期待会强化这种行为，这就意味着，尽管欺负人的孩子现在可能想做出改变，但周围的一些人仍然希望他们表现得像一个恶霸。因此，有必要在计划中加上一条——帮助曾经的小恶霸改变其他人的这种看法。

我们还可以鼓励欺负人的孩子向他们信任的朋友倾诉。在这个阶段，也许他们在还没有迈出改变的第一步之前，就开始担心自己会失败。通过调动他们身边的社交网络来支持他们，他们更有可能做出改变，因为周围的人对他们不要再欺负人的期望可能和过去希望看到他们欺负人一样强烈。在下一章中，当我们讨论如何支持其他孩子的时候，再回到这一点。

第 4 阶段：行动阶段

在这个阶段，孩子已经下定决心不再欺负他人，这鼓舞着他们以实际行动做出改变。在前一阶段中我们帮助他们规划出了一套在什么情况下应该怎么做的行动方案，比如可能会建议他们尽量忽略平时总是被他们欺负的人，避免大喊大叫或者进行身体伤害。

作为一名教育心理学家，我也很有兴趣在事情过后听一听孩子们的汇报，了解一下当他们避免惯常的攻击行为时，他们的感受或想法是什么。万一他们以后“旧疾复发”，又做出欺负人的行为，这些元认知的细节就能派上用场。

第 5 阶段：维持阶段

在任何改变中，这都是最难的一个阶段。短期内做出一些改变是比较容易的，但是要坚持几个星期或几个月是非常困难的。按照行为心理学的建议，在改变过程中，人们应该去做一些其他的事情，而不是仅仅想着停止做某件事。在前预期阶段，我们应该已经弄明白了他们选择欺负他人的原因，从这些原因中我们可以找到一些能满足他们需要的更好的方法。对欺负他人的孩子而言，这些原因可能是为了增强自尊、强化权力和获得掌控感，以及他们认为的，在欺负他人时会感受到社会认同和被他人“尊重”。无论原因是什么，如果想让他们维持改变后的行为，我们必须找到不同的方式来满足他们的心理和社交需求。如果不这样做，他们会发现当个好学生不如之前当小恶霸有成就感，然后很快就会变回当初的模样。

那么，可以鼓励哪些新的行动呢？这要取决于每个孩子的选择以及这些选择的可行性。总之，我们需要帮助孩子们在改变发生之前，探索出一些更实际的活动。当孩子们做出一些改变时，我们要祝贺他们，表扬他们做得有多好，并不断提醒他们长期改变的好处。

第 6 阶段：终极阶段

阶段变化模型考虑了个体的不可靠性以及长期做出改变的艰难性。事实上，这个模型将“可能失败”视为了变化过程中的一部分，而且正是围绕着“可能失败”的预期建构程序的。

这绝不是一种失败主义的态度，相反，这是对人类自身弱点和日常现实的正确认识。想一想，你身边的人们（也许包括你自己）是不是多次节食失败？节食很难，因为节食需要人们坚持改变，而且诱惑无处不在。承诺失败往往伴随着苍白无力的辩解，诸如“毕竟，我得犒赏自己一下”，或者“只吃一小块而已”。欺凌也是一样的，对有些孩子来说，欺凌是一件使用了多年的得力的工具，这就意味着要摆脱它很难，尤其是当孩子心烦意乱或压力大的时候。

阶段变化模型承认改变是艰难的，并设定了一种模式来应对这一点。就像很多节食总失败的人会说“这太难了”或者“干吗要自寻烦恼，我又失败了！”一样，人们在失败后很容易陷入这类压倒性的思维陷阱中。这种对失望的可怜的承认，使人们不假思索地回到前预期阶段，处在一种“习得性无助”的状态中。

如果不加以控制，这将成为一种固化的失败循环模式。然而，阶段变化模型告诉我们真正的长期改变正是从这里开始的。失败让改变陷入了一种闭锁循环，让失望的改变者又返回到开始思考的地方，而阶段变化模型将失望的改变者带到了一种不同的道路上——它更像是一个“8”字形道路，而不是“改变—失败”的单线循环道路。

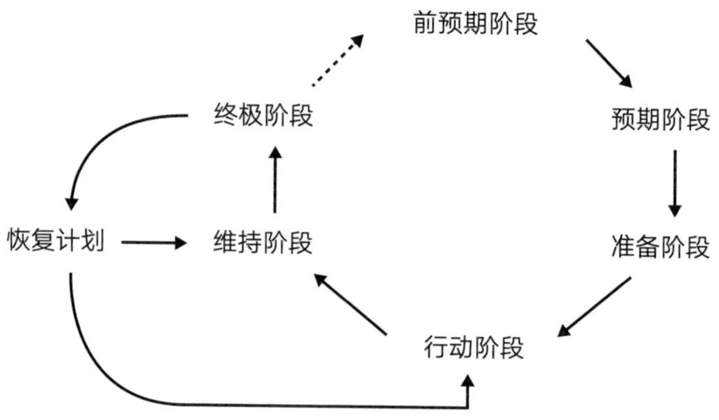

阶段变化模型

已经做出一些改变的孩子一旦出现故态复萌的苗头，我们就要进行必要的干预。我们不能让孩子陷入失败的固化循环中，又回到前预期阶段，一定要帮助曾经犯错的孩子远离失败感、自怜感和“习得性无助”感，并且告诉他们，这只是改变过程中正常的一部分。

改变不会在一夜之间发生，制止欺凌不是想到就能做到那么简单。我们要鼓励孩子们恢复计划，让他们重新回归正轨，而不是心灰意冷地放弃改变；我们要帮助孩子们保持积极的心态，鼓励他们关注已经做出一些改变后带来的积极方面，并重申一种自我信念——尽管最近遭遇了一些挫折，但坚持改变会带来长期利益。

对待不同的恶霸

改变欺负人的孩子不是一蹴而就的事情，而且从很多方面来说，这也不是简单的事情。为了帮助他们做出改变，我们需要看看他们是如何利用欺凌行为来满足内在需求的。从本质上讲，我们需要看看他们是什么样的欺凌者。每一类欺凌者都有自己的一系列特点，这些信息有助于我们思考需要改变哪些方面，以及从哪里着手改变。通过识别每一种欺凌者的个性特征，我们能够以更具有针对性的方式与他们合作，帮助他们改变想法和行为。

1978年，欺凌研究之父奥维尤斯鉴别并描述了3种类型的欺凌者，后来的研究人员在此基础上又添加了一些其他类型。在我们开始介绍各种类型的欺凌者之前，需要注意，各年龄段、各文化水平的人中都有欺凌者，因为他们对生活中的某些方面不满意，却又无力改变。欺凌者是多种多样的，让他们不高兴的事情也是五花八门的。有趣的是，下面讨论的欺凌者类型是基于原型的，而不是基于性别的。

强势的欺凌者

暴力在我们的社会中普遍存在，且令人担忧。强势的欺凌者利用对抗、暴力和恐吓等手段来获得他们想要的东西，或者，这些手段是他们在一个充斥着攻击和暴力的世界里试图解决问题的一种方式。他们大多是在自己的经历中掌握这些技能的，他们把攻击当成一种有效的工具。奥维尤斯发现，这一类人的抗挫折能力不足，抑制冲动的能力也较差。在这些恶霸看来，他们想要支配、控制别人是再正常不过的事情，攻击他人比体谅他人更有价值。他们狂妄自负，认为自己就是真理的化身。

弱势的欺凌者

这种类型的欺凌者也被称为“焦虑型欺凌者”，与上面提到的强势的欺凌者非常不同，他们往往会表现出一种难以预测的焦虑型攻击行为。这一类人的社交能力较差、性格阴郁、反复无常，并且没有几个朋友。弱势的欺凌者经常欺负更弱的人，消极和伤害主导了他们的社交互动方式。他们有一种作茧自缚的倾向，通过自己的行为来孤立自己。弱势的欺凌者的朋友往往也是那些社交技能较差、自尊较低的人。按照奥维尤斯的说法，弱势的欺凌者在某些情况下，会与强势的欺凌者联手。

被欺负的欺凌者

这些欺凌者本身就是欺凌的受害者。奥维尤斯认为，这种欺凌者在所有的欺凌者中占比最小。他们总被比他们强壮的孩子欺负，他们又总是欺负那些在身体和情感上比他们更弱的孩子。他们斤斤计较、喜怒无常，常常因为鸡毛蒜皮的小事生气。在很多情况下，被欺负的欺凌者会通过欺负他人来补偿他们所承受的伤害和不公正。他们很孤僻，没有多少同伴，在任何地方都格格不入。他们原本不想被别人当成欺凌者，但在他们看来，有那么几个人怕他们，总好过根本没人认识他们。

纯粹的欺凌者

迪特尔·沃克（Dieter Wolke）等人提出了第 4 种类型的恶霸——纯粹的欺凌者。这种类型的欺凌者与强势的欺凌者的区别在于，他们的意图不同。强势的欺凌者经历过某些磨难和痛苦，是社会塑造了他们的攻击性，而纯粹的欺凌者并没有这类坎坷心酸的过往。这些孩子往往喜欢学校、按时上学；他们往往有健康的成长环境和生活方式，通常也没有人欺负他们；他们往往受过良好的教育，善于交际，有城府。根据沃克等人的说法，他们欺负别人的原因很简单，就是他们喜欢这样。他们行为背后的原因更多的是他们有一种人格缺陷，而不是他们有坎坷心酸的过往。

其他类型的欺凌者

芭芭拉·科卢梭（Barbara Coloroso）在她的著作《如何应对校园欺凌 》中，描述了“自信的欺凌者”。对于这种欺凌者而言，他们受自我意识、社交能力和自信的驱使。就像强势的欺凌者一样，他们也有很强的个性特征，在校园中，他们表现出来的傲慢和叛逆可能会受到一些同学的追捧，如果胆子再大一点，敢跟老师对着干，那就更显得霸气了。然而，这种追捧并不会发展成友谊，大家仍然对他们保持警惕。

科卢梭还识别了“社交型欺凌者”，他们倾向于利用互联网的社交机制来欺凌他人。科卢梭认为，这些人缺乏自我意识，他们通过炫耀表面上的自信和魅力来掩盖这一点。在这里我们可以看到，应对这类外强中干、利用欺凌来掩饰低自尊的恶霸，了解他们隐藏区域中的信息是至关重要的。

从这项研究中，我们可以看出，识别一个孩子是什么类型的欺凌者，可以帮助我们以更具有针对性的方式与他们合作，帮助他们改变想法和行为。有了对欺凌者的充分认识，我们就可以引导他们进入改变模式，并鼓励他们试着用更好的方式应对自己的内在需求。

为了弄清楚改变一个欺凌者需要做些什么，我们有必要看看，是什么从一开始就阻止了一个孩子变成恶霸。我们一直在问，“是什么促使一个孩子去欺负别人？”现在也要问一问，“为什么不是所有人都欺负别人？”要回答这个问题，我们需要看看是哪些因素在呵护孩子的身心健康，使他们不需要反反复复地伤害他人。通过观察这些因素，我们可以看到应该从哪里着手去帮助和支持欺负人的孩子，尽管其中的一些因素，从学校的角度来看，能做出的改变十分有限。

保护性因素

20 世纪 90 年代末，卡茨（Katz）和福克斯（Fox）调查了美国参与街头帮派人数的上升情况。他们特别感兴趣的是，是哪些诱发因素促使年轻人选择加入街头帮派，以及是不是因为无路可走，没有可选择的余地，所以加入了街头帮派。卡茨和福克斯在 2001 年发表的论文中强调了一系列“保护性因素”，它们能够保护年轻人远离暴力行为，并阻止他们加入街头帮派。

尽管两位研究人员将研究结果按性别划分，但其实这些保护性因素对所有孩子来说都是非常重要的。我们先讨论共通的保护性因素，然后再讨论与性别相关的特定因素。很明显，这项研究为我们提供了一些指标，这些指标能够帮助我们分析为什么有些孩子选择欺负别人，而有些孩子不这样做。

到目前为止，他们的研究结果表明，最重要的保护性因素是“让孩子免受家庭打击和暴力”，缺失这项保护性因素是导致欺凌的最明显诱因。从第二章中班杜拉对“攻击性人格的习得”的研究以及第五章中“儿童期不良经历研究项目”（ACEs）可以看到，那些在侵犯和暴力环境中浸染、长大的人，往往也会把侵犯和暴力当成解决社交问题的工具。

一个在健康的家庭氛围中成长的孩子，他的父母以及家庭中的其他成员更多的是使用社会可接受的方式处理日常问题，因此像街头帮派、恐吓他人等暴力行为对他就没有什么吸引力。卡茨和福克斯发现，如果父母平时更多地采用积极的教育方式，比如在日常生活中以身作则，并且经常鼓励孩子，这样孩子就能明白使用合情合理的方式（如讨论和分享）去解决问题的价值所在。

深层次的保护性因素还包括对未来有无限的机会感和强烈的乐观情绪。这可能是一个人所能拥有的最具挑战性的思维模式之一，因为这关乎信心和积极性。根据第五章提到的“多层迷走神经理论”，显然，一个人的压力越大，他就越难以从思想和行动上规划他的未来。

进一步的跨性别保护性因素还有，孩子所处的家庭和社会环境中没有毒品和酒精。这对青少年来说尤其重要，因为毒品和酒精对青少年大脑的神经和化学变化的影响更大。卡茨和福克斯发现，毒品和酒精对青少年的侵蚀以及它们在社会文化中的泛滥，给社会增加了沉重的负担，引发了更多的反社会行为。

卡茨和福克斯发现，还有一个更普遍的家庭因素会影响孩子选择攻击性行为，那就是父母对孩子学习成绩的要求。在很多国家，孩子的成就是以成绩来衡量的，而不是看他们的进步和努力程度。考试压力让一些孩子感到窒息，而学校（主要是老师们）也承受着巨大的压力，为了让学生的成绩达到指定的标准，老师们使出了浑身解数。孩子的压力可能来自同龄人，也可能来自家庭。反过来看，那些知道自己考不出好成绩、父母也早已对自己失望的孩子，他们意识到自己正在一步一步走向失败，而这种情况也可能会变成欺凌行为的导火索。

孩子在校园生活中获得成就感是非常重要的，不应该要求他们门门功课都得高分。对于中学毕业后不准备继续追求更高学术成就的孩子来说，树立一种技能发展意识是比较关键的。在这种情况下，强调就业机会和鼓励发展个人兴趣应该成为教学工作的重点，如此一来，学生就能看到上学的价值，并尽力做到最好。然而，这种教育理念只有当家长在考试成绩上不给学生施压的情况下，才能得以推广。学校应该与家长合作，共同解决学生因学业“失败”而带来的社交困境，以及由此而产生的欺凌需求，这一点是至关重要的。

就性别相关的保护性因素而言，对男孩来说，最具影响力的是父亲在其生活中的参与度。这种“参与”指的是父亲以积极的态度关注男孩取得的每一次成就，对孩子抱有很高的期望，并且以身作则，成为孩子的好榜样。卡茨和福克斯发现，在生活中有父亲陪伴和支持的男孩，他们更愿意交流感受，并有信心从冲突中脱身。此外，家庭具有高度的凝聚力对男孩来说也很重要，在这种情况下，孩子能够在社交上和情感上得到支持，拥有归属感。

卡茨和福克斯认为，对女孩来说，要让她们能够安心地表达自己的感受和情绪。这为她们提供了一个释放情绪的渠道，让她们可以在避免冲突的情况下解决社交困难。这对女孩来说尤其重要，因为她们对社交和情感有较强的解读能力，往往能够敏锐地感受到社会结构的变化。我们在第四章中讲过，研究发现，在群体环境中，女孩会比男孩遇到更多的情感冲突。因此，女孩需要更稳定的渠道来释放情绪。

卡茨和福克斯的研究让我们开始更多地关注欺凌者行为背后的原因，由此我们可以思考做些什么来改变一个想要欺负别人的孩子。如果我们将情绪控制、社交能力等不同的知识单元（用不同色调的砖块显示）编织到孩子的技能集合中，孩子的心智图看起来应该像下面的砖墙，各种各样的技能和经验支撑起心智之墙，使其坚固和安全，保护孩子免受不愉快的情绪体验。实际上，这面心智之墙代表了孩子的抗逆能力。

然而，对某些孩子来说，尽管他们也一直在成长，但是他们的心智之墙却是千疮百孔（白色表示缺口）的。

由此可知，重要的是，学校和家长要认识到这些“缺口”，并努力帮助孩子填补，帮助孩子夯实心智、积累知识、提高社交和情绪成

熟水平。

为了帮助孩子们填补心智之墙上的缺口，我们来看一下“人类先天需求理论”的另外一些内容。

回归“人类先天需求理论”

本书已经多次提到，社交和情感需求影响着孩子的思维和行为，理解了这一点，就能对接下来的内容有更清晰的认识。在这一章中我们了解到的信息是：为了让孩子不再用欺凌的方式解决问题或满足需要，有两件事情需要我们去做。首先，我们要改变他们需要欺负他人的想法。其次，我们要给他们提供一套新的技能、知识和工具，以取代他们现有的用来欺负他人或填补空缺的技能、知识和工具，这些空缺正是他们迄今为止前进道路上的障碍。为了做到这一点，我们需要回归到人类先天需求理论。

我们在第四章中讲到，这一理论由格里芬和提利尔在 20 世纪 90 年代末提出。这个理论的基础是一套心理疗法理论，这套疗法已经被应用在了许多成年精神疾病患者的身上，并取得了一些有益的效果。在这里，我并不是宣扬欺负人的儿童都患有精神疾病，而且就像所有的心理学理论一样，这套理论也存在不足。然而，从本质上讲，我认为这套理论能够帮助我们理解为什么一些孩子选择欺凌，而且，通过有针对性地利用社交和情感发展方案，我们可以深入理解小恶霸的想法，帮助他们填补一些空缺。

格里芬和提利尔认为，人类生来就有更多的“既定需求”，并且提出了 9 种侧重于情感成长方面的可识别的需求，包括安全、自主和掌控等。为了获得这些需求，人类在出生时就拥有 8 种特定的能力，可以用来获取这 9 种需求中缺失或较弱的部分，这能让人们更好地满足自己的情感需求。因此，我们可以开发利用这些强大的“先天资源”来帮助那些欺负人的孩子。

利用孩子的先天资源

我们可以把人类与生俱来的 8 种能力看作是格里芬和提利尔所说的“内在引导系统”（Inner Guidance Systems）。简而言之，这些能力是情绪指南针，是社交导航系统。就像飞机的内置导航系统一样，指引飞机尽量避开气流的干扰，平稳而高效地飞向目的地。

在此需要指出的是，我并不是说，比如解决了一个孩子的记忆缺陷（或任何其他的先天能力缺陷），你就会听到“我办到啦”的欢呼，原来的小恶霸就会焕然一新，跪倒在地，虔诚地忏悔。格里芬和提利尔认为，可以将孩子先天的一些能力作为工具，帮助他们应对自己的内在需求，或者，如果确实某些能力存在缺陷，那就帮助他们加强。下面我们来逐一探讨这些先天的能力。

记忆

记忆有多种形式，有回忆当下情景的“瞬时记忆”，也有回忆曾经发生的事情的“长时记忆”。如果按照回忆的内容来进行分类，记忆分为“情景记忆”和“语义记忆”。“情景记忆”指的是回忆我们过去做过的事情。如果我问一个孩子周末都做了些什么，他很可能会运用情景记忆告诉我，他做过的某件事或去过的某个地方。对事实和信息的回忆被称为“语义记忆”，比如让一个孩子背诵乘法表或者问他某个国家的首都，这种情况下孩子运用的是语义记忆，他可能会说秘鲁的首都是利马，但他从没去过利马，所以这不属于他的情景记忆，这是他储存和回忆的事实。

跟欺负人的孩子谈话，要特别留意。他们的回忆往往不是十分靠谱，羞耻感会驱使他们隐瞒一些内容，或者迫使他们采用逃避策略来转移责任。“我不知道”或“我想不起来”通常代表的是“我不想谈这件事”，而不一定是记忆力出现了问题。然而，一些在学习上有困难的孩子很可能在“语义记忆”上有些问题，由此带来的尴尬和羞愧可能是他们需要欺负别人的一个因素。作为一名教育心理学家，我总是会问学生最喜欢什么样的老师，尤其会让那些在行为选择中挣扎的中学生描述这些老师所具有的素质。大多数学生表示，好老师会让他们感到自己是班级的一部分，指导他们学习的时候温和平静，照顾他们的感受。

因此，记忆可以作为一种工具，帮助孩子们回忆校园生活，还可以帮助我们在这些回忆中探索一些真正的内在问题。记忆还有一个很关键的作用，即：当面对困难情况时，能够回忆起应该怎么做。接下来我们会讲到，这不是简单的记忆问题，而是一个在压力下能够理性思考的问题。

理性思维

这是一种使自己的想法和感受保持稳定和有意识的概观的能力，也是使用认知能力来控制行为导向的能力。例如我们能够检测自己，意识到自己正在变得紧张和情绪化，就会采取措施让自己平静下来。我们能够反省自己的动机和计划。这一理论模式侧重于干预措施。我们在前面讲述阶段变化模型时提到，一旦已经做出一些改变的孩子出现了故态复萌的苗头，我们就要进行必要的干预，帮助曾经犯错的孩子远离失败感、自怜感和“习得性无助”感，并且告诉他们，这只是改变过程中正常的一部分。这样一来，我们就在帮助他们坚持做出改变。

协调能力

“协调能力”是一种与他人沟通的能力。许多欺负人的孩子都有很好的协调能力，这使得他们能够获取足够多的支持来继续欺凌行为。这种意义上的支持很大程度上是指足够多的孩子扮演介于追随者和置身事外的旁观者之间的角色。要成为“领导者”并保持这个位置需要高水平的社交能力，他们需要与同龄人建立一种稳定的协调关系，无论是运用幽默、智慧，还是威逼恐吓。如果欺负人的孩子已经拉拢了一批铁杆追随者，那么我们的目标应该是在可能的情况下，引导他们正确使用这种协调能力，做有益的事情。然而，对于一个在过去利用自己的技能搞破坏的学生来说，领导任务是复杂的，这份责任可能是难以承担的。

想象力

在这个理论中，“想象力”指的是一种更开放的思考能力。格里芬和提利尔认为，这种能力可以让一个人从当下具体情景中抽身出来，站在不同的角度看问题，发现不同的解决方案。这是一种可以让人们摆脱情绪、转换视角的能力，能够让孩子以不同的方式看到收获和好处，被称为“现实模拟器”。如果一个孩子喜欢欺负别人，并且不明白“为什么需要改变”，那么这个孩子应该进行这种“现实模拟”的想象过程。

自我观察能力

“自我观察能力”指的是退后一步，以更客观的方式审视自己的能力。假如一个孩子在自我观察的过程中，发现自己的实际能力令自己感到羞耻和愤怒，他可能就会使用攻击性行为来转移和分散这种羞耻和尴尬。这就解释了为什么许多欺凌者都以“外表不像自己”为借口去欺负他人，毕竟，没有人长得和欺凌者一模一样。在某些情况下，思考一个欺负人的孩子关于自我观察的结论或许是一个突破口。我们需要引导欺负人的孩子学会自我关怀，在他们的欺凌体系中，最大的受害者可能正是他们自己。

隐喻性思维

对于一个欺负人的孩子来说，“隐喻性思维”这个词听起来可能有点夸张，但它是这个理论中的一个重要元素，指的是一种以复杂的方式思考世界的能力。运用这种能力，潜意识会将自己经历过的事情组织和编排成一些有用的模式和有意义的经验。心理学术语称之为“概念编码”，是我们学习理解面前发生的事情的一种机制。

欺负人的孩子在日常状态下也会表现得比其他孩子更好斗、更叛逆，他们对自身经历的理解方式让他们免不了得出了一种结论：欺凌是一种可行且有用的途径，可以通过它来满足自己的需要。因此，我们要与他们一起探讨如何重新定义他们的思维规则。例如，如果他们认为博得别人关注的唯一方式就是伤害他们，那么，我们可以和他们一起探索其他能够赢得别人认可和尊重的方式，比如试着让他们参加学生会工作、领导一个运动队，或者组建一个电竞俱乐部，等等。这绝不是一件容易的事，需要付出很多努力让孩子相信，他们选择尝试去做的事情是有价值的。然而，要知道，这种方式只对一部分欺负他人的孩子有帮助。

人类与生俱来的8种能力的最后两种能力包括感受情感的能力(在第二章中详细讨论过)，以及一个听起来很玄乎的能力，研究者们称之为“做梦大脑”。后一个能力着眼于梦如何呈现已经满足的愿望，安抚没能得到满足而带来的情绪。“做梦大脑”虽然有趣，并且也很重要，但在我们思考如何帮助那些欺负人的孩子满足他们醒着的时候的需求时，它不太有用。然而，它确实强调了家庭生活、日常活动和睡眠模式的重要性。要想帮助这些欺负人的孩子，重要的是要记住，不仅要帮助他们解决在学校里面对的困难，也要帮助他们应对在家庭中面对的苦难。若非如此，我们的工作就是不完善的，很难达到期待的效果。

关闭圆环

最近，我在电视上看了一部关于优秀作家菲利普·普尔曼（Philip Pullman）的纪录片，他撰写了《黑质三部曲》（《黄金罗盘》《魔法神刀》《琥珀望远镜》）。纪录片是从普尔曼说的一段话开始的，大意是：对于一个作家来说，最大的困难是要知道一个故事应该从哪里开始，到哪里结束。这句描述放在这里真是太贴切了！构思这一章的时候，内容涉及怎样理解欺负人的孩子、怎么帮助他们改变思想和行为，我特别想把很多知识和观点一股脑地倾倒出来。上文中，当我逐一探讨每一种人类与生俱来的能力时，内心有一个声音时不时地会大喊：“天哪，这可以单独写成一整章！”当然，这是不切实际的。我要控制我自己，不能再多添内容了，否则这本书就很难被大家看懂了。

我希望在本章中讲清楚两个重要内容。首先，通过理解一些孩子选择欺负别人，是因为他们的经历和遭遇影响了他们看待世界的方式和对世界的反应方式，我希望我们可以看到，大多数欺负别人的孩子和被他们欺负的孩子一样，都是环境的受害者，说“他们应该清醒点”这类话是没有用的。“如果你从出生起就经历了他们所经历的一切，你也可能会像他们一样行事”，尽管这句话可能会引起争议，也稍带煽动性，但确实能令人深思。

本章第二个重要内容是，我们探讨了为什么解决欺凌问题不是指责欺负人的孩子、给他们贴上欺凌者的标签，再实行通用的情感、社交、成长改造计划这么简单的事。在这个基础上，我们要知道改变那些欺负人的孩子，重要的是耐心地去了解他们，了解是哪些因素导致他们决定欺负别人以及他们拥有哪些技能和先天资源，然后着手帮助他们查缺补漏，或者引导他们把拥有的技能和先天资源用到正路上。

我明白，这本书写到这里，我还没有给出一个包治百病的神奇答案，一些读者可能会感到沮丧。作为一名教育心理学家，我见识过许多学校应对欺凌的一贯做法——开除他们，把他们赶出校园。我称之为“缺席管理”，让他们成为别人的问题，毕竟，学校还要考虑好几百个孩子的需求。听起来合情合理，实际上经不起推敲，因为这么做就等于是在宣传学校无力管理欺凌行为。就像我们在“连锁反应”中看到的，学校传递给社区的这种观点（学校无法保证学生的安全）又会反过来影响到校园内部，既然这样，一些学生就不得不采取行动保护自己，导致恶性循环。

这种效应就会导致我常说的“皮礼士效应”。皮礼士糖是一种水果味的小糖块，一粒一粒摞起来被装在一个底部有弹簧的塑料管里。一旦塑料管里最上面的一块糖被弹进嘴里（此处隐喻社会），下一块糖就会冒出来。欺凌现象也是一样的：开除一个恶霸，另一个恶霸就会补上。

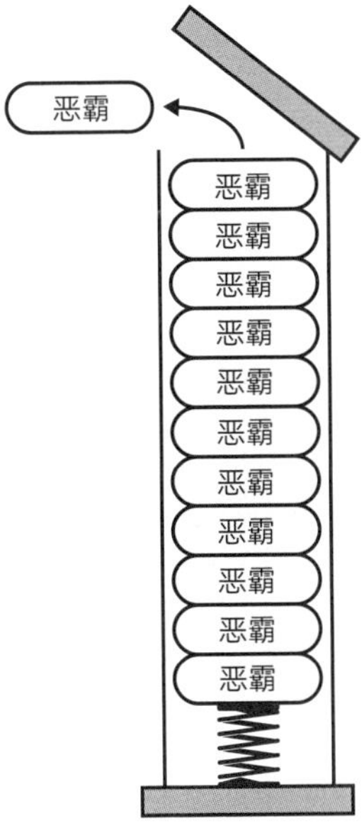

要想有效地遏制校园欺凌，唯一的办法是创造一种健康的社交氛围，开展教育支持，并对欺凌者实施因人而异的管理。我在这里并不

是提倡学校应该容忍严重的欺凌和犯罪行为。对于行为极端危险的学生，法律部门有相应的处理机制，但这些只占欺凌者中的很小的一部分。我在这里提倡的是，如果想稳步减少校园欺凌，那么另一部分欺凌者可以而且应该得到更好的管理。

如果一个孩子欺负了别人，显然有必要让这个孩子依照学校的行为准则承担适度的后果。与此同时，也要进行有针对性的帮扶，因为实行强制性措施的结果之一是，欺负人的孩子获得了关注，这在一定程度上填补了他们潜在的情感需求，而这很可能正是他们当初选择欺负别人的原因。学校领导阶层、教职员工和心理健康工作者应该提供这方面的帮助。这也就是说，一些学校需要扩充社交和情感支持体系，地方政府或教育局也应该调整战略，支持学校的这一行动，为学校提供更多的相关资源。

我们在这里花了很多时间分析了如何支持受害者和欺负人的孩子。我们接下来看看“面向学生的支持系统”这一板块的另一个群体：目击者（其余所有人）。

第八章

营造没有欺凌的校园

面向目击者的支持系统

如果我们想要切切实实地把一个小恶霸变成好孩子，
我们需要确保他的生活环境支持他做出改变。
如果一个每天要抽 30 支烟的人在一间允许随意抽烟的办公室工作，
那么让他戒烟将是非常困难的。

CHAPTER EIGHT

在上一章，我们研究了一些可以用于应对校园欺凌的方法，我希望那些内容有助于你得出这样的结论：我们帮助孩子们要更多地从合作而不是干预的角度出发。就像解决很多心理方面的问题一样，建立有效的合作关系比仅仅给出一份必须完成的行动清单更重要。为了降低校园欺凌事件的发生率，学校需要在文化层面上做出改变，这就意味着要调动校园里的每一个人共同抵制欺凌。正如我们在“欺凌圈”中看到的，欺凌事件的参与者远远不止是欺凌者和受害者。我们接下来探讨这个复杂的社交情景中的最后一个因素——目击者（其余所有人）。

人文措施：建设学校里的“软体系”

从广泛意义上讲，文化是一个社会或组织的集体精神和前进方向。文化这个概念包罗万象，包括人们熟知的事物，如服装、食物和音乐，也包含更微妙和深层次的方面，如思维方式、态度、习惯和行为模式。

然而，这些元素并不是一成不变的，它们会随着时间的推移而改变。

文化是一个动态的概念，它总是以极其迂回曲折的方式不断地演变和发展。正如我们在第三章中看到的，人们对“欺凌”这个词的理解方式随着时间的推移发生了改变。文化变迁可能包括语言运用方式的改变、预期行为中文化规范的改变以及思想的改变。各种文化元素的改变都会导致文化标准发生根本改变。由此看来，要想长期有效地遏制校园欺凌，我们所要遵循的就是这一机制。

这份声明很容易理解，但如果我们想要切切实实地把一个小恶霸变成好孩子，我们需要确保他的生活环境支持他做出改变。如果一个每天要抽 30 支烟的人在一间允许随意抽烟的办公室工作，那么让他戒烟将是非常困难的。同样，如果有其他孩子欺负正在试图做出改变的孩子，那么让这个孩子停止欺负别人是不公平的。此外，从一个欺凌者的角度来看，如果以前目睹过他的欺凌行为的旁观者仍然期待并鼓励他继续欺负人，那么他也很难收手。

文化变革并不是什么新鲜事，我们可以借鉴商业圈的范式来着手改变校园文化。商业中一种常见的文化模式是由美国的一位人力资源领袖诺姆·萨帕菲（Norm Sabapathy）设计的。在 2016 年的一场会议上，萨帕菲提出，文化变革就是要应对通用电气前首席执行官杰克·韦尔奇（Jack Welch）所说的“软东西”。韦尔奇说，如果想改变一个企业的文化，那么重要的是要意识到“软件就是硬件！”

一个社会团体中的“软系统”指的就是萨帕菲所说的“人事”。人们很容易认为，好学校的标准是拥有非常清晰的组织系统和常规流程，教学成绩优秀，教师有明确的教学目标，师生沟通良好；学校里到处张贴着海报，将学校对教师和学生的期望公之于众。事实上，这些都是一个严格有效的学校体系所具备的要素，而软系统并不是关于一个学校要做什么，而是关于如何去做。我们在第六章提到，从整个学校层面着手治理欺凌问题时，需要设法解决 6 个方面的问题。我们在这里所说的正是其中第二个方面的问题——政策落实，将政策付诸实践。

学校的精神关怀系统（学校的软系统）对学生的行为有很重要的影响，这里有一件重要的事情需要考虑，那就是与精神关怀相关的制度是如何在学校内部以及周围实施的。为了简单地说明这一点，我来讲讲我经常遇到的一种情况。

作为一名教育心理学家，我经常被邀请到学校中帮助一些问题学生解决困难。我观察到，一个学生与老师或同学发生冲突的频率能够显示这个学生在学校里承受的压力程度。为了控制自己的情绪，学生可能会经常走出教室，对自己在课堂上当众出丑感到尴尬和羞愧。这种感受往往将脆弱的学生困在“预感自己要失败—失败—又一次失败”的恶性循环中。在这种情况下，我经常邀请学生们谈谈他们的老师，询问他们什么时候感觉校园生活比较好，这些“好”的时候跟以往有什么不同。

当被询问最喜欢和尊重哪位老师时，学生们大多考虑的是老师在课堂上带给他们的感受。他们不大谈论老师教的内容（尽管有趣的学习内容有助于提高出勤率），他们关注的是师生关系。到目前为止，学生们提到的最多的话题是“尊重”。这种尊重指的是在课堂上被重视，被给予一定的存在感和被“公平”对待。许多学生还谈到，有些态度公平、尊重学生的老师并不是一味地温和。就像一位学生告诉我的，有些老师的确“相当严格，但这没关系，因为她们对我们一视同仁”。我遇到过一些情况极其复杂、特别叛逆的青少年，那时我常常与他们讨论这种公平和尊重的归因问题。要想持续有效地遏制校园欺凌，营造健康的师生关系是至关重要的。

为了在校园里实现文化上的变革，我在这里介绍一个我认为很有用的软系统改进模型。1975 年，大卫·史密斯（David Smyth）就文化变革提出了一套包含 6 个要素的方法，这 6 个要素的英文首字母缩写为 CATWOE。尽管这套模型年代久远，但是它综合了我们在本书后半部分探讨的很多要素，可以帮助我们从整体上理解学校需要怎么做，以及如何通过持续地推动文化思维变革，来解决普遍存在的欺凌现象。

CATWOE

史密斯通过这个模型表明，任何公司或机构如果想推进系统变革，必须处理好 6 个要素。这些要素分别是：

顾客（Customers）

执行者（Actors）

改变过程（Transformation Process）

世界观（Weltanschauung）

所有者（Owner）

环境限制（Environmental Constraints）

现在我们来详细探讨这些要素，同时探讨为了在整个学校范围内减少欺凌行为，学校应该采取哪些有效的措施。

顾客

这个元素指变革的主要受益者。就欺凌而言，虽然人们推动变革的初衷是为了帮助受害者，但仅仅把受害者列在名单的首位是远远不够的。正如我们在第五章中看到的，一个孩子选择欺负他人，很大程度上与长期的心理健康问题有关。从很多方面来看，这一变革过程中的关键人物是那些有欺负他人需求的孩子。我们应该尽早帮助他们满足内在的需求，来改善他们的心理健康问题。从长期策略的角度看，为了让其他“顾客”收益，我们需要动员更广泛的社会执行者（比如当地社区和一些团体中的工作人员）一起行动。事实上，放眼布朗芬布伦纳的生态系统理论，很难找到一个角色不会从制止校园欺凌的行动中受益。

执行者

参与变革计划的主要人员被称为“执行者”。我们在第六章中提到，如果想有效地遏制校园欺凌，需要考虑 3 个要素——学生、家长以及学校系统。由此可知，参与校园文化变革的有 3 组执行者：教职员工、学生以及家长。

为了让这 3 组人员都能积极参与变革，有必要向每组成员提供一份详细完备的变革计划说明。学校应该对每组执行者做好支持，以确保他们能够坚持不懈地参与这一进程。这可以通过员工会议、继续职业培训、家长集会、讲座以及让学生参加健康教育课程来实现。“执行者”这一要素非常重要，因为如果没有全体执行者的理解和投入，在其他 5 个要素上花费再多的精力也是多余。

我们在第六章重点探讨了面向教职员工和家长的支持系统，在第七章重点探讨了面向受害者和欺凌者的支持系统。在本章，我们将探讨面向目击者（其余所有人）的支持系统。这些孩子不欺负他人，也不被他人欺负，但他们在欺凌事件中扮演着不同角色。

改变各类角色的比例

校园欺凌行为就像现在电视上的体育节目一样，会受其流行程度的影响。浏览一下电视上的几十个体育频道，我们很容易就能看出哪种运动最受欢迎。时段和质量是这里的关键指标。我必须说，尽管我热爱国际象棋，尽管我这辈子都离不开这款游戏，但我很少能从电视上欣赏到国际象棋锦标赛。撇开我的努力和兴趣不谈，恐怕得说，国际象棋的普及程度还达不到值得在电视上大力投资的程度。由此可以公平地说，校园欺凌的程度取决于学生表现出的对欺凌感兴趣的程度。为了进一步探讨这一点，我们需要再次看看奥维尤斯的“欺凌圈”。

这个模型的基本原理是致力于通过改变欺凌圈中每类角色的人数，来改变校园文化。在前面的章节中，我们详细探讨了这些角色以及他们各自在欺凌事件中的作用。现在我们来看看如何利用这些信息来改变校园文化。

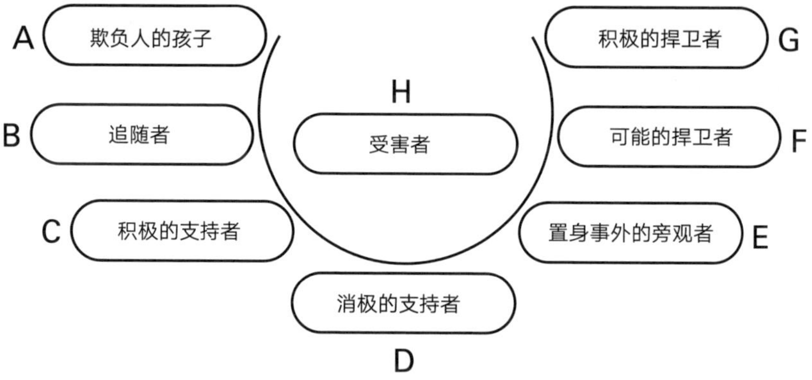

当我们从欺凌者（欺负人的孩子）开始沿着逆时针方向看，就会发现在欺凌事件中，追随者、积极的支持者、消极的支持者以及置身事外的旁观者助长了欺凌风气。

我们已经说过，即使我们努力引导欺负人的孩子停止攻击行为，帮助他们找到合理的方式处理他们的内在需求，但欺凌圈里一些人的期待会使得他们强化欺凌行为。这就意味着，尽管欺负人的孩子现在可能想做出改变，但周围的一些人仍然希望他们表现得像一个恶霸。

因此，如果有人要放弃这顶“王冠”，重要的是周围的人不要把攻击昔日“头领”作为重建社会秩序的一种方式，并且对他们做出改变抱有期望。

在学校建立新的社会秩序

重要的是，学校要考虑如何改变校园欺凌的社会动态。正如我们在第六章中看到的，有一些学校的欺凌问题非常严重，所有年级都普遍存在欺凌现象。这种情况下，极有可能有大量的孩子支持欺凌行为。在这些欺凌发生率高的校园文化中，欺凌圈看起来就像下面的社会关系图谱：

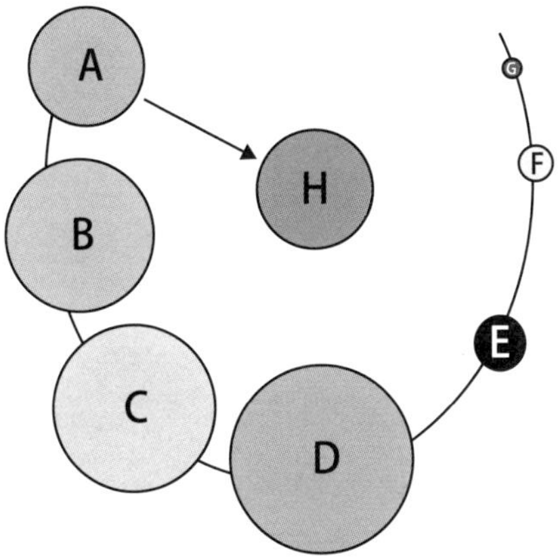

我们可以看到，大多数学生都属于欺凌圈的前 4 类，学生们在社交和文化上认可欺凌行为。在欺凌发生率高的校园文化中，最有可能

出现的情况是，大部分的学生沦为置身事外的旁观者，他们知道欺凌正在发生，却视而不见，径直走开。而且，置身事外的旁观者还包括学校的教职员工，他们之所以做出这样的选择，可能是基于个人发展、职业技能和需求。很多学生可能是听了家长的话，比如“别凑热闹，离远点！”因此，积极的捍卫者在欺凌圈中势单力薄，他们成了学校中的另类，即使关键时刻挺身而出，也很难在改变校园文化方面起到作用。

要想长期有效地改良校园文化，最大限度地遏制校园欺凌，我们就需要改变欺凌圈的社会动态，营造一种反欺凌文化。在这种情况下，在欺凌圈中占主导地位的是采取行动、抵制欺凌的人群。在这种文化中，欺凌圈看起来可能更像下面的社会关系图谱：

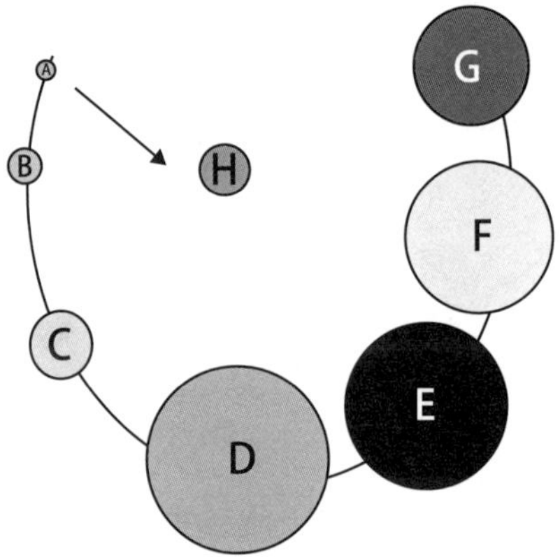

有必要强调的是，这种文化并不推崇强硬措施或以暴制暴，而是推崇在全校范围内反对欺凌。它强调情感，大力推行非暴力的实践方

法，通过支持性的讨论和调解来解决问题。在这样的环境氛围中，我们在第六章中探讨的调整学校系统的6个方面就会结合成一个统一体，类似奥运五环标志环环相扣的圆圈。

改变过程

那么，学校要如何做到这一步呢？

史密斯把“改变过程”放在了文化变革的核心位置，因为改变是一种过程，而不仅仅是举办一次活动，这一过程需要学校谨慎管理。这种对文化的改变没有终点。随着变革在整个校园逐步推行，人们能感受到气氛越来越好，但仍需保持警惕，因为每学年都会有新学生、家长以及新员工加入，校园文化也并非一成不变。每一个新成员都将带来自己关于欺凌的理解和经验，影响着学校的集体意识。如果这些外来思想侵蚀了校园里已经建立的反欺凌文化，那么学校就需要重新构建人们的理解，并引导新成员融入学校的主流风气和文化中。

在许多方面，新成员是检验变革成效的试金石。学校应抓住每一次机会增进师生对变革益处的集体理解。也就是说，每周的校会和课程里都要安排关于社交和情感支持的主题。校园管理方向应该从权威管理转变为增强老师和学生的责任感，使得大家主动支持反欺凌文化。学校应该把改革落到实处，让学生真正获益，而不仅仅是停留在说和幻想的层面。

学校需要引导学生们使用非暴力的方式干预欺凌，鼓励学生们支持受害者并学会从欺凌者的角度来理解欺凌行为，同时鼓励他们在发现有欺凌事件发生时寻求老师的帮助。对许多学校来说，这种改变的进程会很慢，需要教职员工尽心竭力去付出，但随着时间的推移，支持反欺凌文化的行动会变得有章可循，校园文化已经发生改变这一信息将变得更加强大和有效。任何变革都一样，只有当事情切实发生了变化、被反复强化并被重新引入变革议程时，相信事情“可以不同”的信念才会开始在人们心中扎根、成长和繁荣。

世界观

史密斯把这个元素称为“世界观”，原文为“weltanschauung”，这是一个德语单词，常用于哲学论著中，用来解释一个人或一个群体对世界的看法或人生哲学。这是推进学校文化变革的一个重要元素。史密斯认识到，文化层面的变革不会孤立地发生。正如我们讲到的，学校不能单独改变某一个群体，而需要让每个学生都参与到这种行动中来。

当我们把学校重新放到布朗芬布伦纳的生态系统理论中时，情况也是如此。学校的运作是社会运转的一部分，因此，改变学校所在的社区文化也构成了变革议程的一部分。学校所在的社区中不仅有家长，还有为学校提供服务的机构和组织，以及到学校访问的社会工作者和教育局官员等。同时，学校还要重视政府管理部门，如住房和社会安全部门发布的一些政策，以此来了解孩子所面对的困难。

从外部环境中，我们也许能够发现孩子的隐藏区域内的某些东西助长了他们欺负人的需求。正因如此，当我们更全面地考察校园欺凌时，像家庭支持这类措施就显得至关重要。一个社区中可能有几十种因素会影响处于欺凌事件中心的孩子，尽管学校也无法改变这其中的一些问题，但仍然能够为欺负人的孩子提供一片支持的绿洲。但至少，需要得到整个社区对学校策略的理解和认可。正如我们在“连锁反应”中看到的，各种消息会在社区中扩散，而且有可能产生由外而内的影响。如果说消极因素能像涟漪一样扩散出去，那么积极因素也可以，只要它足够强大。这似乎需要大量的信息来推动影响效果。

所有者

在这里，“所有者”指的是变革的倡导者（中心人物）。与任何模式的变革一样，倡导者需要感受到自己是这一变革进程中的一部分。这是一种我“与”大家一起努力，而不是我“为”大家去努力的思路。你要问我谁是变革的主人翁，我会回答“每个人”。虽然这个答复显得有点油腔滑调，但这是事实。

尽管如此，每一场文化运动都需要推动者，要有一位或几位变革斗士站在这一进程的中心。就像埃米琳·潘克赫斯特（Emmeline Pankhurst）已经成为女权运动的代表人物，纳尔逊·曼德拉（Nelson Mandela）是反种族歧视运动的领袖，学校也需要有变革的倡导者来引领变革的进程。在这里，我将这些变革的倡导者称为反欺凌运动的引领者，这些人应成为推动变革的动力之源，并为这一进程提供必要的指导和动力，力求保持变革议程充满活力。

正是引领者要帮助协调“阶段变化模型”的进程，特别是一旦发现故态复萌的苗头，就要进行必要的干预。引领者们需要在学校里拥有一定的影响力，他们应该是校长、副校长，或者至少是学校管理团队中的一员。身为当权者，他们能够在必要时指导和影响系统性和结构性的变革，他们有能力识别需要改变的地方，并在合适的时间召集合适的人，确保在最大限度上取得成功，这一点至关重要。

环境限制

“环境限制”是最后一个要素，也许是我们需要应对的最重要的一个要素。我的意思是，至关重要的是，反欺凌的引领者对成功是什么样子的以及在什么时间去执行具体的变革计划要有现实的认识。这是具有挑战性的，因为在迈向成功的道路上，有大量的个人、社会和环境限制，或者说，前进是有阻力的。

也许最大的限制因素是时间。我敢肯定，那些引领者并不是因为整日里无所事事，想要做些事情打发时间。所以，重要的是他们要挤出时间来执行具体的变革计划。这很可能意味着，他们需要把部分本职工作转交给其他人去做。

此外，学校很可能正在经历一系列结构性和系统性的变革，特别是当内部和外部的审查确定了其他一些领域需要改变的时候。反欺凌变革议程可能只是学校发展变革计划的众多变革之一。尽管如此，必须将反欺凌运动置于高度的优先地位。毕竟，正如多米诺骨牌效应，如果一所学校能够有效地改善欺凌情况，这种变化很可能会触动相关部分，水到渠成地引发一连串的改善。譬如，一旦欺凌发生率降低了，学生的出勤率、课堂参与度以及学生的安全感就会明显提升，师生互动氛围也会明显改善。我认为，如果一所学校能够通过改良校园文化使得校园欺凌事件减少甚至消失，那么随着时间的推移，人们可能会看到学校的方方面面都在提升。这并不是一种夸张的说法。

大功告成

好了，我们的探索之旅已历经八章。还记得本书开头我提到的那个可怜的孩子吗？他小心翼翼地擦去小恶霸鞋子上的泥点后，老老实实地拎着小恶霸的书包爬了 6 层楼去了下一节课的教室。

欺凌行为仍然像过去一样普遍和恶劣。为了改变这种相当黯淡的局面，我们首先应该转变观念，以治疗的思路来对付这种社会顽疾。

在我们的探索之旅中，我们从各种角度观察了我们的社会是如何滋生欺凌的。我们还了解了“欺凌”这个词本身意义是如何发生变化的，从一个表示友情的褒义词（还记得这个词在莎士比亚戏剧中的用法吗？）变成了一个贬义的符号。

在众多儿童发展理论中，我们挑选了几个很重要的理论展开了讨论，如生态系统理论、依恋关系理论、人类先天需求理论，以反思童年时期不良经历的影响以及思考为什么在孩子的童年，健康稳定的家庭关系至关重要。

我们观察了孩子们是如何学习利用他们周围人的行为来帮助自己应对困难的。一些在不良环境中成长的孩子很可能会耳濡目染，照搬他们身边常常发生的暴力行为方式。当这些孩子进入复杂的社会系统时，比如在学校里，他们应对一些社交场景的方式就会出现问题。在学校里，社交对孩子们来说至少和学习一样重要。

事实上，学校环境对于欺凌行为的反应方式，将会影响欺凌者通过欺负他人来解决社交困难的需求——要么加强，要么减弱（甚至消除）。研究表明，惩罚那些欺负人的孩子并不能消除他们欺负人的动机，相反，这种处理方式有可能适得其反，反而助长这类反社会行为。这就导致了很多儿童和青少年在“犯错、打压、再犯错”的恶性循环中逐渐失控，甚至引发心理健康问题。

在这趟小心翼翼的探索旅程中，我希望你们能明白，那些欺负人的孩子在很多方面也是受害者。恶霸不是天生的，是后天形成的。我希望你们也能懂得，这些知识并不能证明欺凌行为是正当的，这些知识能够帮助我们思考如何去帮助欺负人的孩子停止欺凌行为。我们没有时光机，无法改写他们的过去，但我们可以向他们施以援手，为他们黯淡的未来带去几缕希望的光芒。我还希望你们能明白，在这个过程中，我们没有对受害者弃之不顾，而是继续做学校一直都在做的事情，那就是支持和帮助他们。

学校确实有机会改变各种类型的欺凌，但就像许多事情的改变一样，我们必须致力于长期变革。我们不能只做表面文章，我们必须要着眼于整体，并以承诺推动变革。各种有关变革的理论已经告诉我们，文化的进步从来不会一蹴而就，我们必须克服障碍、勇往直前。欺凌的状况是能被改变的，对此我们一定要有坚定的信念。有合适的领导者、有合理的制度、有多数人的支持，我们就有可能把校园欺凌的发生率降到最低。毕竟，学校是关于教育的，而教育是关于学习的。正如每一位教育家、心理学家、社会工作者和诗人都会告诉我们的那样，孩子其实是从生活中学习的。

致谢

一本书的诞生从来不是作家凭一己之力就能完成的。作者将头脑中飘忽不定的想法写成一本书，需要经历许多阶段：数百小时的打字、咂嘴和喝茶。当这段探索之旅接近尾声时，我想感谢一路以来帮助过我的人们。

首先是我的朋友和同事艾莉森·莫法特（Alison Moffat），感谢你对原稿有很多坚定的建议。艾莉森，你真是太厉害了！谢谢你！

我还要感谢约翰·卡特（John Catt）书屋的每一位成员，感谢你们对我这些观点的信任，感谢你们帮助我写出了让我真正引以为豪的作品。特别感谢亚历克斯·沙拉特（Alex Sharratt）和乔纳森·巴恩斯（Jonathan Barnes），你们知识渊博，不吝赐教，让这本书变得更加精彩。非常感谢格兰妮·特雷纳（Grainne Treanor），你工作勤奋，对细节问题目光敏锐，将大量的想法和信息片段整合在一起。

感谢我的妻子和我的孩子们，当我为了这本书而虐待自己的键盘和大脑时，感谢你们对我的爱和支持。这是我的第二本书（第一本书是《来自星星的孩子》），希望不是最后一本……

最后，我要感谢亲爱的读者朋友。如果我的一些思路能够对你有所启发，让你想要行动起来，帮助一个欺负人的孩子去创造更好的未来，那么这就是我们共同的成就。教育是一份特殊而光荣的职业，就算是在那些为了成绩、绩效忙到不可开交的日子里，我希望你也永远不要忘记，让一个孩子回到正确的道路上才是最重要的事情。当这些孩子学会用同样的方式去帮助其他人时，你的付出会得到指数级的回报。悉心耕耘，小小的种子们终将长成热带雨林。